GERHARD MERK

Zur Begrenzung der Offensivwerbung

Volkswirtschaftliche Schriften

Herausgegeben von Prof. Dr. J. Broermann, Berlin

Heft 267

Zur Begrenzung der Offensivwerbung

Von

Professor Dr. Gerhard Merk

Gesamthochschule Siegen

DUNCKER & HUMBLOT / BERLIN

Alle Rechte vorbehalten
© 1977 Duncker & Humblot, Berlin 41
Gedruckt 1977 bei Buchdruckerei A. Sayffaerth - E. L. Krohn, Berlin 61
Printed in Germany
ISBN 3 428 03958 0

Vorwort

„Sicherlich wird über diese prinzipiellen Fragen noch vieles gedacht und geschrieben werden; denn der Theoretiker sind viele, und das Papier ist geduldig. Deshalb wollen wir um so einstimmiger und rückhaltloser dasjenige betonen, was von uns allen ohne Ausnahme anerkannt und beherzigt werden muß: das ist in erster Linie die Gewissenhaftigkeit in der Selbstkritik, verbunden mit der Ausdauer im Kampfe für das einmal als richtig Erkannte, in zweiter Linie ehrliche, auch durch Mißverständnisse nicht zu erschütternde Achtung vor der Persönlichkeit wissenschaftlicher Gegner, und im übrigen das ruhige Vertrauen auf die Kraft desjenigen Wortes, welches seit nunmehr neunzehnhundert Jahren als letztes, untrügliches Kennzeichen die falschen Propheten von den wahren scheiden lehrt: *An ihren Früchten sollt Ihr sie erkennen."* Mit diesen Worten läßt *Max Planck* eine seiner musterhaften Abhandlungen (Die Einheit des physikalischen Weltbildes, in: Wege zur physikalischen Erkenntnis. Reden und Vorträge. 4. Aufl., Leipzig 1944, S. 24) ausklingen. Die in ihnen zum Ausdruck kommende hohe Achtung vor der Person Andersdenkender sei auch mir ein selbstverständliches Gebot. Solche Wertschätzung darf jedoch nicht davon abhalten, Gegebenheiten offenzulegen und zu verurteilen, welche unsere sozio-ökonomische Ordnung schleichend verderben.

Bei den folgenden Darlegungen und Begründungen habe ich stets auch auf Leser mit spärlichen ökonomischen Fachkenntnissen Rücksicht genommen. So hoffe ich, daß diese Schrift auch außerhalb des Kreises der Fachleute Leser finden möge. Fordert doch mit Recht ein Altmeister der Schreibkunst, der feinspürige *Marcus Tullius Cicero*: „Was immer man auch schriftlich ausarbeiten mag: stets sollte es so gestaltet werden, daß es sich zur Lektüre für jeden Gebildeten empfiehlt. Und können wir dieses Ziel auch nicht immer erreichen, so sollten wir es doch jederzeit anstreben" (Gespräche in Tuskulum. Vom Schmerze, III, 8).

Siegen, im Frühjahr 1977

Gerhard Merk

Inhaltsverzeichnis

Erster Teil

Wesen und Erscheinungsform der Werbung — 9

A. Werbung als absatzpolitisches Instrument 9
B. Kriterien zur Kennzeichnung der Offensivwerbung 13
C. Eigentümlichkeiten der Offensivwerbung 17

Zweiter Teil

Beurteilung der Offensivwerbung — 24

A. Beurteilungsmaßstäbe 24
B. Hauptsächliche Vorwürfe gegen die Offensivwerbung 40
    I. Individualethische Einwände 40
        1. Lüge 41
        2. Manipulation 49
    II. Sozialethische Einwände 63
        1. Einfluß auf Sprache und Denken 64
        2. Einfluß auf die Zielvorstellungen 70
    III. Volkswirtschaftliche Einwände 82
        1. Verschwendung 82
        2. Beschränkung des Wettbewerbs 87

Dritter Teil

Wege zur Einschränkung der Offensivwerbung — 92

A. Selbstkontrolle 94
    I. Ziel, Voraussetzungen 94
    II. Schwierigkeiten 96
        1. Selbstdisziplinierung 96

2. Normbindung	99
3. Sanktionsverpflichtung	99
III. Beurteilung	101
B. Öffentliche Kontrolle	102
I. Rechtliche Grundsatzüberlegungen	104
1. Ausgangslage	104
2. Rechtsstellung des Werbetreibenden	105
3. Rechtsstellung des Werbeadressaten	106
4. Folgerungen	107
II. Notwendige Einrichtungen	108
Sachregister	110

Erster Teil:

Wesen und Erscheinungsform der Werbung

A. Werbung als absatzpolitisches Instrument

1. Unter *Werbung* versteht man den Einsatz von Kommunikationsmitteln, um eine bestimmte Absatzleistung zu erzielen[1]. Mit dieser Umschreibung ist die im folgenden ausschließlich betrachtete Absatzwerbung gekennzeichnet. *Absatz* heißt die Veräußerung von Gütern (Güter als Oberbegriff für Waren und Dienstleistungen) durch ein Unternehmen. Wir wollen die Begriffe Unternehmen, Unternehmung und auch Firma gleichbedeutend verwenden und meinen damit Betriebe in einer dezentral organisierten, durch Märkte und Preise gesteuerten Volkswirtschaft. Absichtlich vermieden wird indessen die Benennung *Unternehmer*. Knüpft sich doch daran allzu oft die Vorstellung, als ob eine einzige Person, eben der Betriebsleiter oder Unternehmer, alle (Werbe) Entscheidungen treffe. Das mag für den Kleinstbetrieb zutreffen: für den Einzelhändler an der Ecke, den Bäcker, den Metzger oder den Malermeister, dessen Betrieb neben seiner Person aus einem Gesellen und einem Lehrling („Auszubildenden") besteht. In allen anderen Unternehmungen entwickelt sich hingegen jede Entscheidung als Prozeß innerhalb einer Mehrheit von Personen. Die betriebswirtschaftliche Entscheidungsforschung hat gerade in den letzten Jahren nachweisen können, wie vielfältig und vielgestaltig dabei die einzelnen Vorgänge bis zur Entscheidungsbildung sind, und wie geflissentlich man überdies auch zwischen Entscheidungsanweisung und Entscheidungsdurchführung scheiden muß. — Die Werbung ist einer der Bestandteile des absatzpolitischen Instrumentariums eines Unternehmens. Zu diesem zählen vier Absatzeinflußgrößen, nämlich die Preispolitik, die Produktgestaltung, die Absatzmethode (Entscheidungen einer Firma über das Vertriebssystem, die Absatzform und die Absatzwege) sowie die Werbung[2]. Außer Betracht bleiben andere Formen der Werbung von Unternehmen,

---

[1] Ältere Veröffentlichungen sprechen durchweg von *Reklame*. Auch manche moderne Autoren benutzen diesen Begriff anstatt des Wortes Werbung. Der Ausdruck Reklame wird von den Werbetreibenden heute jedoch als *abwertend* empfunden.

[2] Siehe *Erich Gutenberg*: Grundlagen der Betriebswirtschaftslehre. Zweiter Band: Der Absatz. 14. Aufl., Berlin—Heidelberg—New York 1973, S. 50.

wie etwa für die Beschaffung von Arbeitskräften. Gleichfalls ausgeschlossen wird durch die eingangs gegebene Definition die Werbung von Religionsgemeinschaften, politischen Parteien, staatlichen Behörden und anderen[3].

2. Die Werbung wurde als besondere Form der Kommunikation gekennzeichnet. Allgemein versteht man unter *Kommunikation* eine Botschaft, die eine Mehrheit von Personen erreicht und bei diesen Wirkungen auslöst[4]. Sie übermittelt Nachrichten von einem Sender (Werbetreibenden) an Empfänger (Werbeadressaten, „Werbegemeinten"). Jede Form der Kommunikation bedarf einmal bestimmter Kommunikationsmittel, zum anderen aber spezifischer Kommunikationskanäle. Im Falle der Werbung heißen die ersteren *Werbemittel*. In der bezüglichen Literatur werden sie in aller Regel durch Aufzählung beschrieben. Die für spätere Ausführungen wesentlichen Werbemittel sind Anzeigen, Plakate sowie Sendungen in Rundfunk und Television. „Eine vollständige Aufzählung der heute gebräuchlichen Werbemittel ist nicht möglich, weil außer den üblichen und immer wiederkehrenden Werbemitteln stets von neuen Möglichkeiten der Werbung Gebrauch gemacht wird. Werbemittel, die heute in einer bestimmten Weise benutzt werden, zeigen morgen bereits neue Formen und Entwicklungen. Dies alles ist ein Prozeß sich ständig wandelnder Möglichkeiten und sich immer mehr steigernder Aktualität. Die Erfindungskraft des Menschen scheint auf diesem Gebiet keine Grenzen zu kennen. Das ist die Situation, wie sie heute für das Gebiet der Werbemittel und ihre Entwicklung typisch ist[5]." Die Kommunikationskanäle der Werbung nennt man *Werbeträger*. Diese zeigen sich ebenso vielgestaltig wie die Werbemittel[6]. Bei den hier in Frage stehenden Problemen genügt der Hinweis auf drei der wichtigsten Werbeträger, nämlich Anschlagtafeln und Plakatsäulen (Litfaßsäulen), Zeitungen und Zeitschriften sowie Radio und Fernsehen.

3. Versteht man unter *Zweck* die Absicht, die mit einer Handlung (als Tun oder Unterlassen) angestrebt wird, dann erkennt man die Werbung eindeutig als absatzpolitisches Mittel. Sie stellt den Versuch dar, die Absatzbedingungen eines Unternehmens (bzw. auch einer Firmengruppe im Falle der Gemeinschaftswerbung) mit Hilfe des Einsatzes ausgewählter Werbemittel möglichst günstig zu beeinflussen. Es ist bei diesem vorherrschenden Verständnis des Werbezweckes nachteilig, durch ent-

---

[3] Vergl. hierzu die weiterführenden Veröffentlichungen von *Carl Hundhausen*: Wesen und Formen der Werbung. Essen 1954 sowie *Rudolf Seyffert*: Werbelehre. 2 Bde, Stuttgart 1966.

[4] Siehe zur Vertiefung *Rolf Kramer*: Information und Kommunikation. Berlin 1965 und die dort angegebene Literatur.

[5] *Erich Gutenberg*: S. 423.

[6] Eine Aufzählung findet sich bei *Nieschlag - Dichtl - Hörschgen*: Marketing. Ein entscheidungstheoretischer Ansatz. 7. Aufl., Berlin 1974, S. 289.

sprechende Definitionen des Begriffes Werbung diese als zweckneutral kennzeichnen zu wollen. So schreibt beispielsweise *Seyffert:* „Werbung ist eine Form der seelischen Beeinflussung, die durch bewußten Verfahrenseinsatz zum freiwilligen Aufnehmen, Selbsterfüllen und Weiterpflanzen des von ihr dargebotenen Zweckes veranlassen will[7]." Hier wird obendrein auch die Werbung von vornherein an einem sittlichen Maßstab gemessen: nur „freiwilliges Aufnehmen" gilt als Werbung; Werbung darf nicht aufgedrungen werden. Jedwelche Werbung, die hiergegen verstößt, „ist keine Werbung"[8]. Eine derartige Eingrenzung der Werbung ist jedoch unersprießlich und dazu auch gefährlich. Denn damit werden fast alle Probleme, welche die heutige Absatzwerbung stellt, ganz einfach zur „Nicht-Werbung" erklärt. Mit Recht meint *Kroeber-Riel* dazu: „Eine solche Festlegung des Werbebegriffes dient dazu, die Wirklichkeit zu *entproblematisieren:* Erscheinungen, die man moralisch nicht akzeptieren will, braucht man auch nicht zu untersuchen, sie werden *per definitionem* aus der Wissenschaft ausgeschlossen. Diese Strategie... dient offensichtlich der Rechtfertigung der Werbewissenschaft: Durch die normative Definition und Abgrenzung des Untersuchungsfeldes wird kundgetan, daß man sich nur mit *der* Werbung beschäftigt, die moralisch einwandfrei und gesellschaftlich akzeptabel ist[9]."

4. Nach dem näheren absatzpolitischen Ziel der Werbung (Ziel verstanden als Endpunkt, der mit einer Handlung erreicht werden soll) kann man diese in drei Hauptarten unterteilen[10]. Die *Einführungswerbung* (Introduktionswerbung) soll neuen Erzeugnissen des Unternehmens den Weg bereiten und sie begleiten. Sie dient auch der Aufschließung bisher nicht bedienter Markträume. Die *Erinnerungswerbung* (Erhaltungswerbung, Reminiszenzwerbung) möchte den Vergessenheitsschwund bei den Käufern ausgleichen, dem ein Produkt und sein Hersteller in aller Regel unterliegt. Die *Ausweitungswerbung* (Expansionswerbung) ist darauf gerichtet, den Marktanteil einer Firma durch den Einsatz der Werbung zu vergrößern[11]. — Ist Werbung die bestimmende Größe, der vorherrschende, dominante Faktor in der Absatzpolitik einer

---

[7] *Rudolf Seyffert:* Werbelehre. Bd. 1, Stuttgart 1966, S. 7. Siehe ähnlich auch *Carl Hundhausen:* Werbung. Grundlagen. Berlin 1966, S. 75 (Sammlung Göschen 1231) sowie *Egon Golomb:* Artikel „Werbung", in: Katholisches Soziallexikon, Innsbruck—Wien—München 1964, Sp. 1300.
[8] *Rudolf Seyffert:* Werbelehre, S. 6. Siehe gegen diesen Standpunkt auch *Günter Wiswede:* Motivation und Verbraucherverhalten. Grundlagen der Motivforschung. München—Basel 1965, S. 287.
[9] *Werner Kroeber-Riel:* Konsumentenverhalten. München 1975, S. 352 f.
[10] Siehe *Erich Gutenberg:* Grundlagen der Betriebswirtschaftslehre, S. 442.
[11] Zur inhaltlichen Zuordnung konkreter Werbemaßnahmen an diese drei Hauptziele siehe die Aufzählung bei *Nieschlag - Dichtl - Hörschgen:* Marketing, S. 296.

Firma, so spricht man von *Beherrschungswerbung* (Dominanzwerbung). Beherrschung meint hier „beherrschend" im Sinne von „an erster Stelle im Absatzplan des Unternehmens stehend". Es ist also nicht so zu verstehen, als wolle das Unternehmen durch die Werbung den Markt beherrschen. Freilich kann die Dominanzwerbung sehr großer Firmen tatsächlich zu einer Beherrschung auch in diesem Sinne führen, wie später noch einzusehen ist.

Übersicht 1

	Wichtige Aussagen über die Absatzwerbung
Wesen	Werbung ist der Einsatz von Kommunikationsmitteln zur Erzielung bestimmter Absatzleistungen. Die Instrumente der Kommunikation heißen Werbemittel, ihre Kanäle nennt man Werbeträger
Veranstalter	Veranstalter der Werbung sind Unternehmen (Firmen), und zwar einzeln oder zu mehreren (Gemeinschaftswerbung). Die Werbedurchführung wird oft Fachleuten außerhalb des Unternehmens (Werbeagenturen) übertragen
Zweck	Werbung stellt den Versuch dar, die Absatzbedingungen eines Unternehmens günstig zu beeinflussen. Neben der Werbung stehen dem Unternehmen hierzu auch noch die Produktvariation, die Preispolitik und die Absatzmethodik zur Verfügung
Ziel	Allgemein kann man Einführungswerbung (bei neuen Produkten), Erinnerungswerbung (zur Erhaltung der Absatzhöhe) und Ausweitungswerbung (Absatz soll vergrößert werden) unterscheiden. Im einzelnen gibt es sehr viele Unterziele
Stellung	Steht die Werbung an erster Stelle der Absatzpolitik, so spricht man von Beherrschungswerbung (dominanter Werbung). Tritt sie hinter andere absatzpolitische Instrumente zurück, so handelt es sich um Gelegenheitswerbung (akzidentielle Werbung)

B. Kriterien zur Kennzeichnung der Offensivwerbung

1. Die Werbung tritt uns in recht vielen, in sich zum Teil sehr unterschiedlichen Formen gegenüber. Dementsprechend finden sich neben den bereits vorgestellten Unterscheidungen der Werbung in einzelne Arten noch sehr viele Versuche, sie auch nach betriebswirtschaftlichen, rechtlichen, werbetechnischen und volkswirtschaftlichen Gesichtspunkten zu gruppieren. Zur genauen Beschreibung dessen, was hier als Offensivwerbung bezeichnet wird, bedarf es außer den bisher erwähnten Unterscheidungen zusätzlich einer Einteilung anhand volkswirtschaftlicher Kriterien. Das macht es notwendig, vorab Begriffe der Markttheorie vorzustellen und zu erklären. Es handelt sich des näheren um das Gegensatzpaar „vollkommener Markt" und „unvollkommener Markt" sowie um die Klassifikation des Marktes in Marktformen. Unter *Markt* ist dabei jedwelches Zusammentreffen von Anbietern und Nachfragern zu verstehen. „Jedwelches" schließt auch denkbar möglichen Austausch zwischen Verkäufern und Käufern ein. Im Gegensatz zum Sprachgebrauch des Alltags meint „Markt" nicht allein den empirischen, realen Ort des Austauschs, sondern auch die nur hypothetische, gedachte Begegnung zwischen den Marktparteien[12]. — Weil hier in erster Linie der Absatzmarkt zu betrachten ist, wollen wir (sofern nicht ausdrücklich anders gekennzeichnet) unter Markt stets nur die *Angebotsseite* verstehen. Es sei weiter zur Vermeidung von Mißverständnissen betont, daß die Ausdrücke „vollkommen" und „unvollkommen" der Markttheorie nichts mit den zufällig gleich benannten Begriffen der Ethik zu tun haben. Dort ist im allgemeinen „vollkommen" mit „sittlich gut" und „unvollkommen" mit „sittlich verwerflich" gleichzusetzen[13].

2. Die Nationalökonomie bezeichnet einen Markt als *vollkommen*, wenn fünf Voraussetzungen erfüllt sind[14]. Erstens müssen die auf dem Markt gehandelten *Güter physisch identisch* sein. Es befinden sich mithin in ihrem Wesen einheitliche, ihrer Natur nach in nichts verschiedene Güter auf dem Markt. Zweitens herrscht *persönliche Gleichartigkeit*. Die Verkäufer sind in den Augen der Käufer ohne Unterschiede. Persönliche Bevorzugungen oder Benachteiligungen bleiben damit ausgeschlossen. Drittens *fehlen räumliche Unterschiede* zwischen den An-

---

[12] Siehe *Gerhard Merk:* Programmierte Einführung in die Volkswirtschaftslehre. Band 2: Haushalte, Unternehmen und Markt. Wiesbaden 1974, S. 122.
[13] Siehe *Joseph Mausbach:* Katholische Moraltheologie. Erster Band: Die allgemeine Moral. 8. Aufl., Münster 1941, S. 49 f. Eine meisterliche Definition des Vollkommenen im ethischen Sinne findet sich bei *Augustinus Lehmkuhl:* Theologia Moralis. Volumen 1: Theologia Moralis Generalis. 12. Aufl., Freiburg 1914, Nr. 484 („Perfectio cujuslibet entis consistit in optima habitudine ad finem suum.")
[14] Siehe *Gerhard Merk:* Mikroökonomik. Stuttgart 1976 S. 105.

bietern. Alle Verkäufer befinden sich demnach an einem bestimmten Ort (Punktmarkt). Man kann sich die Anbieter auch in den Ecken eines regelmäßigen Vielecks oder auf der Umfangslinie eines Kreises angesiedelt denken. In dem jeweiligen Mittelpunkt des Polygons oder des Kreises halten sich die Käufer auf. Viertens bestehen *keine zeitlichen Verschiedenheiten.* In Bezug auf Lieferfristen sind alle Anbieter zu derselben Zeit lieferbereit. Fünftens *herrscht Markttransparenz.* Die Käufer übersehen sämtliche Anbieter sowie deren Angebotsbedingungen.

(a) Märkte heißen *unvollkommen,* wenn auch nur eine der fünf genannten Bedingungen nicht erfüllt wäre. Das bedeutet, daß der vollkommene Markt ein abstrakter Begriff der volkswirtschaftlichen Theorie ist. In Wirklichkeit gibt es nur unvollkommene Märkte. Alle gedanklichen Extremtypen der Markttheorie haben *Maßstabcharakter:* sie dienen als Vergleichsmaßstab zur Beurteilung und Einordnung der Realität. Ein solches Richtmaß ist der Begriff des vollkommenen Marktes.

(b) Verneinend kann man den vollkommenen Markt auch als einen solchen bezeichnen, auf dem keine sachlichen, persönlichen, räumlichen, zeitlichen oder marktübersichtlichen Unvollkommenheiten vorhanden sind; siehe Übersicht 2. Man nennt solche Unvollkommenheiten auch *Präferenzen.* Die deutschsprachige Betriebswirtschaftslehre spricht bei Präferenzen, also im Falle von Marktunvollkommenheiten im Tauschgeschehen der Wirklichkeit, vom *akquisitorischen Potential.* „Im tatsächlichen Marktgeschehen sind die Betriebe bestrebt, im Rahmen der ihnen gegebenen Möglichkeiten ihren Absatzmarkt zu individualisieren, um sich auf diese Weise einen ‚Firmenmarkt' zu schaffen. Zu diesem Zwecke versuchen sie, ihre Absatzorganisation so zu gestalten, daß ein möglichst enger Kontakt mit den Kunden hergestellt wird. Sie sind weiter bemüht, ihren Erzeugnissen die Formen und Eigenschaften zu geben, die sie den Käufern besonders begehrenswert erscheinen lassen. Dabei pflegt in unterschiedlicher Weise in den einzelnen Produktionszweigen von der Fülle an Möglichkeiten Gebrauch gemacht zu werden, die die modernen Methoden der Werbung in ihrer vielfältigen Art gewähren. Mit der Qualität der Waren, die angeboten werden, dem Ansehen des Unternehmens, seinem Kundendienst, seinen Lieferungs- und Zahlungsbedingungen und gegebenenfalls auch mit seinem Standort verschmelzen alle diese, oft rational gar nicht faßbaren Umstände zu einer Einheit, die das ‚akquisitorische Potential' eines Unternehmens genannt sei[15]."

---

[15] *Erich Gutenberg:* Grundlagen der Betriebswirtschaftslehre, S. 237 f.

B. Kriterien zur Kennzeichnung der Offensivwerbung

Übersicht 2

Bestimmungsgründe des vollkommenen Marktes	
Umsatzgüter	es bestehen keinerlei Unterschiede zwischen den Gütern; diese sind gleichartig, nämlich identisch gleich
Tauschbeziehungen	Käufer und Verkäufer stehen nicht in persönlich-innerlicher, sondern bloß in sachlich-äußerlicher Verbindung; individuelle Bevorzugungen sind damit ausgeschlossen
Raumentfernung	kein Marktteilnehmer vermag Vorteile aus örtlicher Nähe zu erzielen; die räumliche Entfernung aller ist gleich groß
Lieferfähigkeit	kein Marktteilnehmer kommt früher zum Zuge als der andere; alle sind zur gleichen Zeit lieferbereit
Marktübersicht	kein Marktteilnehmer hat Schwierigkeiten, das gesamte Marktvolumen und seine Bedingungen zu übersehen; der Markt ist völlig transparent

3. Unter *Marktform* versteht man allgemein die Art und Weise des Zusammentreffens von Angebot und Nachfrage. Unterschieden wird dabei namentlich nach der Anzahl und der relativen Größe der Anbieter. Dann gelangt man zu den in Übersicht 3 aufgeführten *fünf Hauptformen* auf der Angebotsseite des Marktes. In der Benennung finden sich jeweils einige aus der griechischen Sprache entlehnte Wörter wieder. Es ist dies zunächst die Endsilbe -*pol*. Sie leitet sich aus *polein* gleich „verkaufen" her. Bei den Vorsilben bedeutet *monos* „allein", *oligoi* heißt „wenige" und *polloi* besagt „viele". Auf -*ol* enden alle gedachten Marktformen des vollkommenen Marktes als die *Maßstabgrößen*, auf -*id* die Marktformen der *Wirklichkeit*. Statt der Endsilbe -*id* benutzt man auch das Eigenschaftswort „unvollkommen", und sagt dann „unvollkommenes Oligopol" statt Oligopolid. Statt Polypolid ist die Bezeichnung „monopolistischer Wettbewerb" im Deutschen vorherrschend. — Man beachte, daß der heutzutage beständig gebrauchte Begriff „Kon-

Übersicht 3

Wichtige Marktformen auf der Angebotsseite		
Anzahl und Größe der Marktteilnehmer	Benennung auf dem	
	vollkommenen Markt	unvollkommenen Markt
viele Kleine	Polypol	Polypolid
wenige Mittlere und viele (wenige) Kleine	Teiloligopol	Teiloligopolid
wenige Mittelgroße	Oligopol	Oligopolid
ein Großer und viele (wenige) Kleine	Teilmonopol	Teilmonopolid
ein einziger Großer	Monopol	—

zern" keine Benennung der Marktformenlehre ist. Das westdeutsche Aktiengesetz definiert in § 18: „Sind ein herrschendes und ein oder mehrere abhängige Unternehmen unter der einheitlichen Leitung des herrschenden Unternehmens zusammengefaßt, so bilden sie einen Konzern; die einzelnen Unternehmen sind Konzernunternehmen."

4. In den heutigen westlichen Industriegesellschaften sind Polypolide, Teiloligopolide, Oligopolide und Teilmonopolide die vorherrschenden Marktformen auf der Angebotsseite. *Polypolide* sind dadurch gekennzeichnet, daß viele Anbieter auf unvollkommenen Märkten in gegenseitigem Wettbewerb stehen. Jede der Firmen verfügt jedoch über Präferenzen; sie hat also ein mehr oder minder starkes akquisitorisches Potential. Eine solche Situation ist weithin kennzeichnend für Einzelhändler, Handwerker oder Gastwirte in einer großen Stadt, aber auch bei vielen Produkten auf dem Gesamtmarkt einer Volkswirtschaft, wie etwa bei Textilien, Lederartikeln oder Glaswaren. Die drei Marktformen Teiloligopolid, Oligopolid und Teilmonopolid haben gemeinsam, daß auf Absatzänderungen eines Unternehmens (vorstoßende Akte) andere Firmen reagieren werden (nachfolgende Maßnahmen). Die Reaktion der Rivalen auf absatzpolitische Entscheidungen eines Anbieters

ist infolgedessen das wesentliche Kennzeichen bei diesen drei Marktformen. Diese typische *Reaktionsverbundenheit* (man nennt sie auch *oligopolide Interdependenz*) gestattet es uns, sie alle drei — aber nur für die anschließenden Überlegungen, nicht also generell! — als eine einzige Marktform zu betrachten. Wir wollen dann immer nur von „Oligopoliden" und „oligopolidisch" sprechen, und lassen offen, ob es sich um echte Oligopolide (wie etwa in der Automobilindustrie), um Teiloligopolide (zu den wenigen Mittelgroßen treten noch wenige oder viele Kleine, wie beispielsweise in der pharmazeutischen Industrie der BRD) oder ob es sich um Teilmonopolide (ein Großer und wenige oder viele Kleine, zum Beispiel auf dem Weltmarkt für Diamanten, dessen Angebot sich zu gut 80 % in den Händen einer Firma befindet) handelt.

C. Eigentümlichkeiten der Offensivwerbung

1. Mit Hilfe der erarbeiteten Begriffe der Markttheorie läßt sich jetzt die Offensivwerbung näher kennzeichnen und zu anderen Formen der Werbung abgrenzen. Offensivwerbung ist zunächst streng zu scheiden von jener Werbeform, die man als Orientierungswerbung oder Informationswerbung bezeichnen kann.

(a) *Informationswerbung* (Orientierungswerbung) ist die vorherrschende Werbung der Polypolide. Durch Anzeigen in Zeitungen, durch Plakate an Schaufenstern sowie mittels Wurfsendungen an Haushalte weisen die Polypolide in Ortsmärkten auf besonders günstige Möglichkeiten zum Einkauf hin. Auf überregionalen Märkten wird in Fachzeitschriften inseriert, aber auch durch Prospekt, Ausstellung, Werbebrief und durch kleinere Geschenke geworben. Andere Werbemittel benutzen Polypolide spärlich. Der Zugang zur Werbung in Rundfunk und Fernsehen ist ihnen wegen ihres niedrigen Werbeetats nicht möglich.

(b) *Offensivwerbung* (Konkurrenzwerbung) ist demgegenüber die typische Werbung der Oligopolide im Konsumgüterbereich (nicht jedoch auch im Bereich der Investitionsgüter)[16]. Konsumgüter sind sowohl

---

[16] *Campbell R. McConnell* (Economics. Principles, Problems, and Policies. 5th ed., New York et al. 1972, p. 503) schreibt: „Some advertising is *informative*, that is, accurately descriptive of the qualities and prices of products, while other advertising is *competitive*, consisting of unsubstantiated ours-is-better-than-theirs exhortation". In der deutschen Übersetzung (Volkswirtschaftslehre. Eine problembezogene Grundlegung. Bd. 2, Köln 1975, S. 672) wird *competitive* mit „suggestiv" wiedergegeben. Dies scheint angesichts der Grund- und Nebenbedeutung des Wortes *Suggestion* nicht angebracht. Besser scheint es, competitive advertising durch „Konkurrenzwerbung" im Deutschen wiederzugeben. — Zum Inhalt des Begriffes Suggestion vergl. *Günter Wiswede:* Motivation und Verbraucherverhalten, S. 78 f.

Verbrauchsgüter, die eine nur einmalige Nutzung zulassen, als auch Gebrauchsgüter, die mehrmalige Nutzung erlauben. Sie werden von Haushalten (Konsumenten) nachgefragt. — Offensivwerbung will grundsätzlich dem Konsumenten einreden, daß ein gewisses Gut von einem bestimmten Hersteller besser ist und das Vertrauen der Käufer eher verdient als jenes der Konkurrenten[17]. Im Gegensatz zur Informationswerbung der Polypolide ist dabei der Informationsgehalt der Werbebotschaft vergleichsweise gering; Information hier verstanden als Sachinformation, nämlich als Beschreibung der wesentlichen Eigenschaften eines Konsumgutes, der Nennung des Preises sowie der Angabe des Namens des Anbieters[18]. Statt dessen werden von der Offensivwerbung meistens außerwesentliche Merkmale des Gutes (Akzidentialien) herausgestellt („Raucherlebnis", „Fahrgefühl"). Bei manchen Produktgruppen wird der Preis grundsätzlich nicht genannt oder allenfalls unbestimmt angesprochen („Jubelpreis", „Winterpreis"). Soweit die werbetreibenden Oligopolide genaue Preise nennen, handelt es sich in vielen Fällen um Lockpreise (etwa „Grundpreis": das heißt, ohne die üblichen Zubehörteile, ohne Transportkosten zum Käufer, ohne Umsatzsteuer). Der Hersteller tritt in der Werbebotschaft vielfach (jedoch nicht immer) in den Hintergrund oder verschwindet ganz. An seiner Stelle erscheint ein Markenname oder ein Symbol. Die Offensivwerbung bedient sich, anders als die Informationswerbung, vornehmlich der Werbeträger Anschlagtafeln (Litfaßsäulen), Zeitschriften, Rundfunk und Fernsehen.

2. Freilich gilt es zu erkennen, daß in den meisten Fällen der karge Informationsgehalt der Werbebotschaft aus der Natur des oligopoliden Gutes zu erklären ist. „Die gilt vor allem für solche Produkte, deren Eigenschaften weithin bekannt sind und über die sich kaum inter-

---

[17] Im folgenden wird der Begriff *Offensivwerbung* bevorzugt. Andere sprechen von „exzessiver Konkurrenzwerbung" (*Erich Gutenberg*: Grundlagen der Betriebswirtschaftslehre, S.419), wieder andere von „Wettbewerbswerbung" (*Isabel und Rudolf Mühlfenzl*: Der Irrtum. Weltwirtschaft zwischen Angst und Hoffnung. München—Zürich 1975, S. 134), von „Suggestionsreklame" (*Emil Küng*: Wohlstand und Wohlfahrt. Von der Konsumgesellschaft zur Kulturgesellschaft. Tübingen 1972, S. 122 oder von „persuasiver Werbung" (*Thomas M. Garrett*: In Introduction to some Ethical Problems of Modern American Advertising. Rome 1961, S. 10).

[18] Siehe *Nieschlag - Dichtl - Hörschgen*: Marketing, S. 269 („Gegenstand der Information sind Aussagen über die Leistungsbereitschaft und die Eigenart sowie die Abgeltung der Leistungen einer Unternehmung, einer Unternehmungsgruppe oder eines Wirtschaftszweiges.") — Eine kurze Übersicht zum Informationsbegriff findet sich bei *Hans Raffeé*: Konsumenteninformation und Beschaffungsentscheidung des privaten Haushalts. Stuttgart 1969, S. 7 ff. sowie ausführlicher bei *Peter Brückner*: Die informierende Funktion der Wirtschaftswerbung. Berlin 1967, der genauer zwischen *unthematischer Information* (ohne sachlichen Bezug zum umworbenen Gegenstand) und *thematischer Information* (letztere unterteilt in Sachinformation und sachhaltige, nicht zu thematisierende Information) unterscheidet.

essante und wissenswerte Informationen, die der Forderung nach größerer Markttransparenz entsprechen, geben lassen (Beispiele: Zigaretten, Glühlampen). Bei solcher *Motivenge* (im Sinne eines Mangels an objektiven produktbezogenen Argumenten, die in der Werbung verwendet werden können) ist es leicht begreiflich, daß die Werbung Gefühlswerte in den Vordergrund rückt und daß von der *Leitbilderwerbung* Gebrauch gemacht wird; d. h. die Werbung für ein Produkt (z. B. Zigaretten) wird mit Leitbildern in Verbindung gebracht, mit denen sich die Konsumenten oder zumindest einzelne Gruppen (Teenager, Twens) identifizieren. Solche Leitbilder können bekannte Personen (z. B. Schauspieler oder Sportler), beliebte oder exklusive Freizeitbeschäftigungen (z. B. Segelsport) oder andere Verhaltensweisen sein[19]." — Vielfach gleichen sich obendrein die Güter auf dem Oligopolidmarkt sehr stark oder sie sind gar identisch. Auch räumliche oder zeitliche Präferenzen fehlen; siehe Übersicht 3. Dies trifft etwa zu für Mineralölprodukte oder für Bankendienste. Hier wird es zum Ziel der Werbung, für die einzelne Firma ein akquisitorisches Potential aufzubauen und zu erhalten. Über objektive Eigenschaften des Gutes vermag die Werbung kaum neue, für den Konsumenten wissenswerte Aussagen zu machen. Also bedient man sich auch in diesem Fall motivenger Ausgangslage wieder vorwiegend der Leitbilderwerbung[20].

3. In den westlichen Industriewirtschaften entfallen im Durchschnitt etwa 60 % der Werbung in Zeitschriften, 70 % der Werbung auf Anschlagtafeln (Litfaßsäulen), 80 % der Werbung im Rundfunk und 95 % der Werbung im Fernsehen auf Offensivwerbung der konsumnahen oligopoliden Unternehmen. Betrachtet man die Offensivwerbung gesamthaft, dann belegen davon gut 80 % schnellumschlagende Konsumgüter (einschl. Heilmittel und Kosmetika) sowie Maschinen und Geräte für den Haushalt. Die restlichen etwa 20 % sind vor allem Werbebotschaften von Banken, Bausparkassen, Versicherungsunternehmen, Touristikfirmen und Versandhäusern. In Übersicht 4 sind ausgewählte Waren(gruppen) und Dienstleistungen zusammengestellt, die den größten Anteil der Offensivwerbung in Zeitschriften, Radio und Fernsehen der BRD während der Jahre 1970 bis 1976 stellten. Wie zu erkennen ist, handelt es sich in jedem Falle um Märkte, die teiloligopolide, teilmonopolide oder oligopolide Marktform aufweisen; siehe Übersicht 3, Zeile 2, 3 und 4. Es sind außerdem in jedem Falle Güter (Waren und Leistungen), die unmittelbar von Privathaushalten gekauft werden. Die Offensivwerbung wendet sich nämlich stets an Haushalte; Werbe-

---

[19] *Nieschlag - Dichtl - Hörschgen:* Marketing, S. 300.
[20] Zum Begriff des Leitbildes siehe ausführlich *Günter Wiswede:* Motivation und Verbraucherverhalten, S. 227 ff.

Übersicht 4

Ausgewählte Güter(gruppen) mit Offensivwerbung in Zeitschriften, Hörfunk und Fernsehen der BRD	
Automobile	Kosmetika
Babykost	Margarine
Badezusätze	Pralinen
Bankendienste	Schokolade
Bausparkassenleistungen	Seifen
Desodorantien	Spirituosen
Geschirrspülmittel	Tierfutter
Haarpflegemittel	Touristikleistungen
Haushaltsreiniger	Versandhausangebote
Heilmittel	Versicherungsleistungen
Kaffee	Waschmittel
Kakao	Zahnpflegemittel

adressat ist immer der Endverbraucher. Werbung oligopolider Unternehmen, die sich an Weiterverarbeiter richtet (Eisen- und Stahlindustrie, Schwermaschinenbau), zählt folglich auch nicht zur Offensivwerbung.

4. Ein weiteres wesentliches Kennzeichen der Offensivwerbung ist die regelmäßige, unablässige *Wiederholung* (Repetition, Iteration) der Werbebotschaft. Dies ist grundsätzlich aus der Marktform des Oligopolids zu erklären. Deren typisches Merkmal ist ja die Reaktionsverbundenheit (oligopolide Interdependenz). Aufgrund dieser müssen die Rivalen auf vorstoßende Werbeakte (also auf Expansionswerbung; siehe Übersicht 1, Zeile 4) mit neutralisierenden Werbemaßnahmen reagieren, um einen Rückgang ihrer eigenen Umsatzanteile zu vermeiden. Zwar könnte ein Unternehmen auf besondere werbliche Aktivitäten eines Rivalen auch mit anderen Mitteln des absatzpolitischen Instrumentariums antworten, vornehmlich durch Produktgestaltung und Preispolitik. Jedoch hat sich der homöopathische Grundsatz „Gleiches wird mit Gleichem bekämpft" eher als in der Medizin in der oligopoliden Marktpolitik durchgesetzt, wie die Beobachtung eindeutig bestätigt. Damit verstärkt sich die Offensivwerbung wegen der oligopoliden Interdependenz von selbst und schaukelt sich hoch; Werbe-„Schlachten" entstehen[21].

5. Der Schaukelstuhl-Effekt der Offensivwerbung wird aber obendrein noch durch zwei werbetechnische Umstände verstärkt. Um dies genauer einzusehen, seien drei wichtige Begriffe der Werbelehre vorab umrissen. Unter *Aufmerksamkeitswirkung* einer Werbebotschaft versteht man die Tatsache, daß der Werbeadressat der Werbebotschaft begegnet, daß die werbliche Nachricht ihn als Wahrnehmung erreicht. Sie erreicht ihn umso eher, je mehr die Werbebotschaft gefühlsmäßige Spannung erzeugt. Deshalb versucht die Werbung, durch „Aufreißer" Aufmerksamkeit zu erregen. Bei letzteren handelt es sich in der Hauptsache um Schlagwörter und Schlüsselzeichen (siehe die spätere Übersicht 17, Zeile 2 und 3) oder um Blickfänge (etwa auf den Betrachter gerichtete Pistole oder Geldscheine). — Als *Gedächtniswert* der Werbung bezeichnet man die Fähigkeit eines Umworbenen, eine Werbebotschaft wiederzuerkennen und sich an sie zu erinnern. Zwischen Wiedererkennen (recognition) und Erinnerung (recall) wird dabei in aller Regel unterschieden. Ein eigenes Gebiet der Werbewirkungslehre befaßt sich mit den Methoden der Wiedererkennungsprüfung und der Erinnerungsmessung[22]. — Das Verhältnis von genutzter Werbekapazität zur möglichen Werbekapazität eines Werbeträgers heißt *Werbedichte*. Eine hohe Werbedichte liegt also dann vor, wenn ein Werbeträger (etwa eine Zeitschrift) sehr viele, unterschiedliche Werbebotschaften enthält. — Schließlich meint man mit *Werbedosis* die Häufigkeit von Werbebotschaften in der Zeiteinheit, in der Werbepraxis meistens gemessen in Vierteljahren (Quartalen).

6. Es ist nun eine Tatsache, daß die Aufmerksamkeitswirkung und der Gedächtniswert einer Werbebotschaft unter sonst gleichen Umständen mit wachsender Werbedichte *verstärkt abnehmen*. Der Erfolg einer Anzeigenwerbung sinkt also beispielsweise im Falle der Zeitschriftenwerbung mit zunehmender Zahl der Anzeigen in dieser Zeitschriftenausgabe, und zwar überproportional. Dieser Umstand zwingt mithin einen Werbetreibenden, zur Erreichung eines angestrebten Absatzerfolges die *Werbedosis zu steigern*. Weil in gleicher Weise aber auch die Konkurrenten handeln, ist am Ende bei höherem Stand der Werbeausgaben der Werbeerfolg gesamthaft nicht gestiegen. Das freilich schließt nicht aus, daß es zu *Verschiebungen* im Werbeerfolg einzelner innerhalb einer Gruppe von Werbetreibenden kommt. Wurde doch bei der Einschränkung „unter sonst gleichen Umständen" unveränderter Inhalt

---

[21] Siehe *Erich Gutenberg*: Grundlagen der Betriebswirtschaftslehre, S. 419. — *Emil Küng* (Wirtschaftspolitische Gegenwartsfragen. Zürich und St. Gallen 1962, S. 209) spricht von der Notwendigkeit zur „Defensivpropaganda".

[22] Siehe ausführlich *Karlfritz Koeppler u. a.*: Werbewirkungen definiert und gemessen. Velbert 1974, S. 29 ff. sowie *Friedhelm Jaspert*: Methoden zur Erforschung der Werbewirkung. Stuttgart 1963.

aller Werbebotschaften unterstellt. Daher darf nicht gefolgert werden, daß mit zunehmenden Werbeausgaben auf einem oligopoliden Markt sich alle die einzelnen Unternehmen gleich stellen würden. Vielmehr wird jeder versuchen, mit der Erhöhung der Werbedosis auch den Inhalt der Werbebotschaft so zu vervollkommnen, daß er den Rivalen voraus ist. Durch den so verstärkten *Schaukelstuhl-Effekt* der Werbung erhöht sich zwangsläufig der Werbekostenanteil der Produkte. Diese Werbekosten müssen aber über den Preis hereingeholt werden. — Zweitens vermag die Werbeforschung nachzuweisen, daß mit der Höhe des Marktanteils einer Firma die *Aufmerksamkeitswirkung* der Werbung *überproportional sinkt*. Anders ausgedrückt steigt mit wachsendem Marktanteil auf oligopoliden Märkten auch der Vergessenheitsschwund der Werbung vermehrt an[23]. Der Grund für diese Erscheinung wird darin gesehen, daß Produkte mit wachsendem Marktanteil einem verstärkten Werbedruck mit Gegen-Argumentation ausgesetzt sind. Dieser Gegendruck setzt aufgenommene Werbebotschaften teilweise außer Kraft und läßt sie vergessen. Das zwingt die Oligopolide zu stetiger *Erinnerungswerbung*. Wenn nämlich die Aufmerksamkeitswirkung ihrer Werbung (und damit auch der Marktanteil) auf einem gewünschten Stand bleiben soll, dann müssen oligopolide Unternehmen ihre Werbebotschaften immer wieder erneut vorbringen, stets repetieren. Daraus erklärt sich überdies auch die Tatsache, daß auf teiloligopoliden Märkten die relative Werbedosis der Großen bei weitem höher liegt als jene der kleineren Anbieter und zum wichtigsten absatzpolitischen Instrument der Großen wird, diese also Dominanzwerbung treiben müssen. Das aber heißt auch hier wieder unausweichlich, daß der Werbekostenanteil des einzelnen oligopoliden Gutes hochklettern muß, und damit muß auch der Marktpreis des Produktes steigen.

7. Die Beschreibung der Offensivwerbung hat gezeigt, daß diese *nicht* leichthin *durch ein Kriterium* zu bestimmen ist. Im Interesse einer genauen und klaren Abgrenzung zu allen anderen Werbeformen ist es vielmehr unumgänglich, sie weiter ausholend anhand mehrerer Merkmale inhaltlich zu definieren. In Übersicht 5 sind die bisherigen Überlegungen zur Bestimmung der Offensivwerbung zusammengestellt. Angesichts der weitverbreiteten Kritik gegen „die Werbung" schlechthin muß man den offenkundigen Nachteil einer umständlichen Definition in Kauf nehmen. Verstößt es doch gegen ein erstes Gebot sachlicher Auseinander-Setzung mit werblichen Erscheinungen, wenn man Werbung unterschiedslos als ein und dasselbe betrachtet, oder wenn man allenfalls oberflächlich bloß ungenaue, vage Gruppierungen vornimmt. Mit Recht sperren sich diesfalls alle Werbetreibenden gegen solcherart

---

[23] Siehe empirische Werte für ausgewählte Produktgruppen in Marktmechanik 1, herg. von Hörzu-Funkuhr. Hamburg 1975, S. 8.

Kritik und nehmen dann auch treffende Einwände erst gar nicht zur Kenntnis.

Übersicht 5

Kennzeichnende Merkmale der Offensivwerbung	
Marktform	die werbetreibenden Unternehmen sind Teiloligopole, Oligopole und Teilmonopole auf unvollkommenen Märkten mit konsumnahen Gütern
Werbeträger	vorwiegend Anschlagtafeln, Plakatsäulen, Zeitschriften, Rundfunk und Fernsehen
Adressaten	Endverbraucher in privaten Haushalten (Konsumenten)
Werbedosis	die Werbebotschaft wird stets von neuem repetiert; es handelt sich um Erinnerungswerbung, gekoppelt mit Expansionswerbung
Werberang	die Werbung ist ein hauptsächlicher Bestandteil im absatzpolitischen Plan der Unternehmen; es handelt sich also um Dominanzwerbung
Werbekosten	absolut und auf das verkaufte Produkt bezogen ist der Werbekostenanteil im Vergleich zu Polypoliden sowie verglichen mit Oligopoliden im Investitionsgüterbereich sehr hoch
Information	die Werbebotschaft hat in der Regel einen nur geringen sachlichen Informationsgehalt; sie ist vorwiegend Leitbilderwerbung

Zweiter Teil

Beurteilung der Offensivwerbung

A. Beurteilungsmaßstäbe

1. Wenn die Offensivwerbung kritisiert werden soll, so sind Werturteile unumgänglich. *Werturteile* (normative Urteile) heißen Aussagen, die ein bestimmtes Verhalten als gerechtfertigt oder als nicht gerechtfertigt hinstellen[1]. Damit ist vorausgesetzt, daß ein Richtmaß, eine Norm, an die Gegenstandswelt angelegt wird. Solches Richtmaß liefert die *Ethik*, die man in eine natürliche und in eine theologische Sittenlehre einteilen kann; siehe Übersicht 6. Vielfach wird nun behauptet, Werturteile seien ihrer Natur nach außerwissenschaft-

Übersicht 6

Ethik (Sittenlehre) = Wissenschaft, die Richtlinien (Normen) für menschliches Handeln aufstellen möchte

Quelle der Normfindung ist dabei
1. die menschliche Vernunft:
    natürliche Ethik oder *Moralphilosophie*
2. die Offenbarung:
    theologische Ethik oder *Moraltheologie*

Normen werden vorwiegend aufgestellt für
1. Handlungen des einzelnen Menschen:
    Individualethik
2. Verhalten von Gesellschaften:
    Sozialethik

Vernunft = Fähigkeit des Menschen zu schlußfolgerndem Denken. — *Offenbarung* = Mitteilung von Wahrheiten an die Menschen durch Gott. — *Gesellschaft* = jedes Sozialgebilde, bestehend aus mindestens zwei Personen. — *Handlung* = äußeres Verhalten (Tun oder Unterlassen), das auf ein bewußtes Wollen zurückführbar ist.

---

[1] Siehe *Hans Albert:* Wertfreiheit als methodisches Prinzip, in: *Ernst Topitsch* (Hrsg.): Logik der Sozialwissenschaften. 7. Aufl., Köln—Berlin 1971, S. 184.

lich: sie seien mit den Methoden der Wissenschaft nicht greifbar. Dem ist aber keineswegs so. Man kann sich durchaus mit dem Anspruch ethischer Urteile wissenschaftlich beschäftigen. Dies ist die Aufgabe der *Metaethik*. Sie fragt danach, was mit einzelnen Werturteilen gemeint ist und auf welche Weise das dem normativen Urteil zugrundeliegende Richtmaß begründet wird.

2. Im Sinne solcher Fragestellung der Metaethik sei als Bewertungsmaßstab zur Einschätzung der Konkurrenzwerbung die *Katholische Soziallehre* herangezogen. Damit meinen wir jene Zielvorstellungen über die gesellschaftliche Ordnung[2], wie diese die römische Kirche ent-

Übersicht 7

Katholische Soziallehre	
Sozial*theorie* (Prinzipienlehre)	Sozial*verkündigung* (Anwendungslehre)
Aussagen erheben Anspruch auf zeitlich dauernde Geltung *(allgemeingültige Theorie)*	Aussagen beanspruchen nur Gültigkeit innerhalb bestimmter Rahmenbedingungen *(relativ-allgemeine Theorie)*
Aussagen mit überzeitlicher Geltung sind das 1. Personprinzip 2. Gesellschaftsprinzip 3. Zuständigkeitsprinzip 4. Wohlfahrtsprinzip 5. Gerechtigkeitsprinzip	Wendet die Grundsätze der Sozialtheorie an auf 1. ganz bestimmte Erscheinungen im gesellschaftlichen Bereich 2. eine gegebene Zeit, gekennzeichnet durch vorliegende technische und wirtschaftliche Gegebenheiten
Theorie = Vorgang der wissenschaftlichen Untersuchung eines Erkenntnisgegenstandes. Als Ergebnis das Ganze der so gewonnenen Einsichten; ein System von in sich widerspruchsfreien, folgerichtigen Sätzen	

---

[2] Mit *Ordnung* meinen wir im folgenden stets eine gesellschaftliche Regelungsform, eine bestimmte soziale Organisation und Verfaßtheit. Der andere Inhalt des Wortes, nämlich Ordnung gleich Disziplin, Gehorsam (im Sinne von „Recht und Ordnung") sei hier ausgeschlossen. Dieser Ordnungsbegriff ist ein Hauptinhalt der aufklärerischen Pädagogik und blieb bis heute eine erstrangige „bürgerliche" Tugend. Siehe hierzu Otto F. *Bollnow*: Wesen und

wickelt hat und den Gliedern der Kirche sowie darüber hinaus allen Menschen guten Willens vorlegt³. Mit Katholischer Soziallehre ist ein Oberbegriff angesprochen⁴. Sie scheidet sich in eine *Sozialtheorie* als Prinzipienlehre und in eine *Sozialverkündigung* als Anwendungslehre; siehe Übersicht 7. Die Bewertungsmaßstäbe zur Beurteilung der Offensivwerbung werden wir aus der Prinzipienlehre ableiten müssen. Unter Prinzipien (Grundsätze, Richtsätze) verstehen wir dabei fünf Kernaussagen. Diese seien zunächst in ihrem wesentlichen Inhalt dargestellt.

(a) Das *Personprinzip* (Individualitätsprinzip) stellt fest, daß jeder Mensch in Einzigkeit, nämlich nie wiederholt und nie wiederholbar, von allem anderen Sein abgegrenzt ist. Die Menschen sind also *nicht gleich* in dem Sinne, daß jeder vom anderen ununterschieden sei, daß jeder ein identischer Teil eines gemeinsamen Ganzen (der Menschheit) wäre.

(aa) Der Mensch verdankt diese Individualität, solche ihn kennzeichnende Einmaligkeit der Person, einem schenkenden Liebesakt Gottes. Alle Menschen sind zu einer Beziehung unmittelbarer Partnerschaft mit Gott berufen. Der einzelne erfährt dieses Angebot als zwanglose Einladung Gottes an seine (ihm von Gott zugeeignete) persönliche Freiheit. Gott hat das Individuum darüber hinaus zu ewigem Heil nach seinem leiblichen Tode bestimmt. Prüfstein zur Erlangung dieses erfüllenden Glücks ist in erster Linie die tätige Nächstenliebe.

(ab) Weil dem einzelnen als Person eine von Gott verliehene Würde und Freiheit zukommt, besitzt er von Natur aus gewisse Rechte. Diese sind ihm also keineswegs von der Gesellschaft oder dem Staat gegeben. Daher können diese Rechte auch von irdischen Mächten niemals weggenommen werden: sie sind unveräußerlich. Im einzelnen handelt es sich im wesentlichen um jene Werte, wie sie in den Grundrechtskatalogen moderner Verfassungen niedergelegt sind⁵.

Wandel der Tugenden. Frankfurt 1958, S. 33 ff. und zum Gesamten *Josef Rief:* Ordnungskrise und Christliche Soziallehre, in: Tübinger theologische Quartalsschrift, Bd. 146 (1966), S. 129 ff.

³ Aus der Fülle der bezüglichen Literatur sei dem mit der Katholischen Soziallehre weniger Vertrauten vor allem der klare, kurze Abriß von *Walter Kerber:* Katholische Soziallehre, in: Demokratische Gesellschaft. Konsensus und Konflikt. Bd. 2, München—Wien 1975, S. 547 ff. empfohlen (siehe hierzu die Besprechung von *J. Heinz Müller:* Neuerscheinungen aus dem Bereich der Katholischen Soziallehre, in: Civitas, Bd. 14 (1976), S. 281 ff.). — Lehrhaft und ausführlich angelegt ist *Eberhard Welty:* Herders Sozialkatechismus, 3 Bde, Freiburg—Basel—Wien 1951 und öfter.

⁴ Siehe *Anton Burghardt:* Katholische Soziallehre. Anmerkungen zu ihren Konstanten und Variablen, in: Ordnung im sozialen Wandel (Messner-Festschrift). Berlin 1976, S. 43 ff.

(b) Das *Gesellschaftsprinzip* (Sozialitätsprinzip) sagt aus, daß jede Person auf andere Menschen hin angelegt ist, und daß Gott sozialen Gebilden eigene Werte verliehen hat. *Wert* ist hier nicht im ökonomischen, sondern im ethischen Sinne (Gegenteil: Unwert) aufzufassen; siehe später Übersicht 23. Wert meint also einen vortrefflichen inneren Gehalt, genauer eine begehrte, auserlesene Eigenschaft oder einen vollkommenen Zustand.

(ba) Die Sozialität des Menschen ist nicht allein reine Bedürftigkeit im Sinne von Angewiesensein auf andere. Sie bedeutet vielmehr auch Gelegenheit zur Vollentfaltung der Individualität: nämlich Möglichkeit der Person, sich anderen mitzuteilen, sich dem Mitmenschen zu eröffnen. So betrachtet verwirklichen sich fast alle menschlichen Werte und nahezu sämtliche Tugenden erst in der Hinwendung zum anderen. *Tugend* ist hier nicht wie im heutigen Sprachgebrauch als Sittsamkeit (und noch enger sexuelle Unverdorbenheit) zu verstehen, sondern als die lautere Grundhaltung des Menschen zu sich und zu seiner Umwelt[6]. Manche Werte sind ohne die Gesellschaft gar nicht denkbar. Liegen sie doch weit außerhalb der Reichweite einzelner Personen (wie etwa der gesamte Kulturbereich). Es gibt also *besondere gesellschaftliche Werte,* die Gott eigens sozialen Wesen zum Geschenk gemacht hat.

(bb) Personalität und Sozialität widersprechen sich nicht: aus beiden ist die Gesellschaft zu begreifen. Diese ist von den Werten und Zielen her zu sehen, die im Menschen grundgelegt sind, die aber nur gemeinsam verwirklicht werden können. Es sind dies personale Werte, insoweit sie vom Menschen als Person ausgehen. Sie begründen die Gesellschaft, weil die Werte nicht vom vereinzelten Individuum, sondern nur im Mit-Sein mit anderen erwiesen und in die Tat umgesetzt werden können. Die Gesellschaft ist daher eine Ordnungsform, durch welche sich diese Wertverwirklichung erreichen und sichern läßt. Gesellschaft hat jedoch *keinen Eigenwert.* Vielmehr steht sie immer im Dienste der sie bildenden Menschen und der von ihnen zu verwirklichenden Ziele. In dieser Auffassung wird die Personwürde des Menschen gewahrt: der einzelne darf nie als bloßer Teil eines größeren Ganzen gesehen und dann zu personfremden Zwecken erniedrigt werden. Es wird aber auch einsichtig, daß die Gesellschaft (also die sozial verbundenen Personen)

---

[5] Siehe ausführlich *Eberhard Welty:* Herders Sozialkatechismus. Bd. 1: Grundfragen und Grundkräfte des sozialen Lebens. 4. Aufl., Freiburg—Basel—Wien 1963, S. 32 ff. sowie kürzer *Ludwig Berg:* Artikel „Menschenwürde", in: Katholisches Soziallexikon. Innsbruck—Wien—München 1964, Sp. 690 ff.

[6] Siehe *Josef Pieper:* Auskunft über die Tugenden. Zürich 1970 sowie *Victor Cathrein:* Moralphilosophie. Eine wissenschaftliche Darlegung der sittlichen, einschließlich der rechtlichen Ordnung. Bd. 1: Allgemeine Moralphilosophie. 6. Aufl., Freiburg 1924, S. 272 ff.

Übersicht 8

Gesellschaftsprinzip (Sozialitätsprinzip)	
Angewiesensein auf andere: ohne Fremdhilfe ist dem Menschen das Leben schon ab der Geburt nicht möglich	*Angelegtheit* auf andere: erst im Verkehr zu Mitmenschen verwirklichen sich individuelle Werte und Tugenden
Gesellschaft ist eine jede Menschengruppe, die durch Zuordnung mindestens zweier Personen entsteht. Gesellschaft hat	
eigene Werte: diese liegen außerhalb der Reichweite der einzelnen Person	*keinen Eigenwert:* sie steht immer im Dienste der sie umschließenden Menschen

ohne Verletzung der angeborenen Freiheit des einzelnen an diesen Forderungen stellen darf.

(bc) In Übereinstimmung mit dem Sprachgebrauch der internationalen Sozialwissenschaften nennt auch die Katholische Soziallehre in der Regel (aber nicht durchgängig!) *Gesellschaft* (society) ein Sozialgebilde

Übersicht 9

Wohlfahrtsprinzip (Gemeinwohlprinzip)	
inhaltlicher Wert: Gemein*gut*	*organisatorischer* Wert: Gemein*wohl*
Zielgut der Gesellschaft. Das, was die Sozialgruppe zu erreichen beabsichtigt als gegenständlicher Wert (Deich), als nichtgreifbare Größe (Musik) oder als beides (Leistungserstellung und menschliche Erfüllung im Betrieb)	*Verfaßtheit* der Gesellschaft in Hinblick auf das Gemeingut. Organisation des Zusammenwirkens der einzelnen Personen und Gruppen auf ein Zielgut (das Gemeingut) hin. Beschreibt also einen *gesellschaftlichen Zustand*
Wohlfahrt = Gesamtheit jener Einrichtungen und Zustände einer Gesellschaft, welche sowohl das Erreichen des Gemeinguts als auch die Teilhabe des einzelnen daran angemessen ermöglichen.	

mit sachlich-äußerlicher, *Gemeinschaft (community)* aber ein solches mit persönlich-innerlicher Verbindung. Gesellschaft gilt weithin als Oberbegriff. Es wird nämlich unterstellt, daß mit besonderer menschlicher Nähe gleichzeitig auch eine sachliche, zweckhafte und interessensbezogene Bindung einhergeht, die Gemeinschaft also damit immer auch Gesellschaft sei.

(c) Beim *Wohlfahrtsprinzip* (Gemeinwohlprinzip) gilt es, sich von den herrschenden Definitionen der Wohlfahrt in der Nationalökonomie zu lösen[7] und zunächst zwischen Gemeingut und Gemeinwohl zu unterscheiden[8].

(ca) Gesellschaft wurde schon erklärt aus der Hinordnung von Personen auf ein gemeinsames Ziel. Das Zielgut eines Sozialgebildes heißt *Gemeingut*. Es kann eine Mengengröße sein, wie der Wasserdamm eines Deichverbandes. Es kann aber auch einen nichtgegenständlichen Wert darstellen, wie die Freude an der Musik und Geselligkeit bei einem Gesangverein. In der Regel enthält das Gemeingut beides, wie etwa im Betrieb, wo neben der Leistungserstellung auch ein Wohlbefinden individueller Menschen und einzelner Gruppen angestrebt wird. Weil das Gemeingut von Personen in ihrer Verbundenheit erreicht wird, müssen alle Glieder der jeweiligen Sozialgruppe daran teilhaben; es darf nicht auf diesen oder jenen einzelnen beschränkt bleiben. Eine unterschiedliche Nutznießung einzelner am Gemeingut läßt sich indessen kaum ausschließen. Eine solche ist nämlich nicht nur auf äußere Gründe wie Betrug oder Unterdrückung zurückzuführen. Vielmehr haben einzelne Personen einer Gesellschaft aufgrund ihrer Individualität häufig auch unterschiedliche Fähigkeit, den Inhalt des Gemeingutes aufzunehmen. Das bezieht sich besonders auf nichtdingliche Zielgüter. Aus einer Dichterlesung des Literaturclubs wird der empfindsame Zuhörer mehr Bereicherung mitnehmen als das weniger feinfühlig veranlagte Mitglied.

(cb) *Gemeinwohl* ist (im Unterschied zum Gemeingut) die richtige Verfaßtheit des Sozialgebildes hinsichtlich der Verwirklichung des Gemeingutes. Das Wohlfahrtsprinzip fordert eine solche Ausrichtung und Regelung der jeweiligen Gesellschaft, daß ihre Glieder zum erfolgreichen Zusammenwirken für das Gemeingut angemessen beitragen und die Teilhabe am Gemeingut erreichen können. Es beschreibt damit also

---

[7] Siehe hierzu *Emil Küng:* Wohlstand und Wohlfahrt. Von der Konsumgesellschaft zur Kulturgesellschaft. Tübingen 1972, S. 3 ff. sowie *Karl Georg Zinn:* Allgemeine Wirtschaftspolitik. 2. Aufl., Stuttgart 1974, S. 116 ff. — Manche Autoren bevorzugen den Begriff „Allgemeininteresse" statt „Wohlfahrt", so *Rudolf Weiler:* Wirtschaftliche Kooperation in der pluralistischen Gesellschaft. Wien 1964, S. 288.
[8] Siehe *Oswald von Nell-Breuning:* Zur christlichen Gesellschaftslehre. 2. Aufl., Freiburg 1954, S. 51 f.

einen anzustrebenden *gesellschaftlichen Zustand*. Gemeinwohl bezieht sich deswegen immer auf eine bestimmte Sozialgruppe, von der Familie bis zur internationalen Völkergesellschaft. Die jeweilige, den Anforderungen an das Wohlfahrtsprinzip entsprechende gesellschaftliche Organisation und ihre Einrichtungen läßt sich nur unter Berücksichtigung mehrerer Faktoren eindeutig konkret bestimmen. Solche Merkmale sind vor allem die Natur des Gemeingutes, die Zahl und soziographischen Eigenheiten der das Sozialgebilde begründenden Personen (wie Alter, Geschlecht, Gesundheitszustand, Bildungsgrad usw.) und die Zeitumstände.

(d) Das *Zuständigkeitsprinzip* (Kompetenzprinzip, Subsidaritätsprinzip) ist der leitende Richtsatz für die Gliederungsform der Gesellschaft[9]. Es bestimmt einmal die Zuständigkeit einer jeden Gesellschaft gegenüber den sie bildenden Personen, zum andern auch die Kompetenzen zwischen den Großgruppen und den Kleingruppen. Es gilt somit für jedes Sozialgebilde, auch für eine Kirche oder für ein Unternehmen.

(da) *Allgemein* gefaßt fordert das Zuständigkeitsprinzip, jederart Gesellschaft organisatorisch so auszurichten, daß eine sachlich unbegründete Lenkung und Bestimmung von Menschen und Gruppen durch andere ausgeschlossen bleibt, und damit die Personen in größtmöglicher Freiheit und Eigenverantwortung an Sozialgebilden beteiligt sind[10].

(db) *Positiv* formuliert stellt das Zuständigkeitsprinzip einen Anspruch auf Hilfe dar und heißt dann manchmal auch *Solidaritätsprinzip*. Dieses Recht besitzen die Glieder einer Gesellschaft in allen Dingen, bei denen ihre eigenen Kräfte nicht ausreichen. So hat beispielsweise der einzelne einen Hilfeanspruch an die Familie, die Familie an die Gemeinde, die Gemeinde an den Gliedstaat (Land, Departement, Kanton), der Gliedstaat an den Gesamtstaat und dieser an die Völkergesellschaft. Entwicklungshilfe ist daher im Verständnis der Katholischen Soziallehre eine aus dem Subsidaritätsprinzip fließende Pflicht.

(dc) *Negativ* ausgedrückt dürfen die Organe einer Gesellschaft den einzelnen Gliedern (Kleingruppen, Personen) immer nur solche Aufgaben abnehmen, welche diese selbst nicht (richtig) leisten können. Insoweit erweist sich das Zuständigkeitsprinzip als ein Schutz vor Übermachtung kleiner Gebilde durch größere.

(e) Das *Gerechtigkeitsprinzip* (Rechtlichkeitsprinzip) verlangt, daß jeder das ihm Gebührende erhält. Es beschreibt die geforderte Beziehungswirklichkeit zwischen den Teilen eines jeden Sozialgebildes. Zur Gerechtigkeit gehören *drei Bedingungen*. Es sind dies der andere (als

---
[9] Siehe *Albert Beckel*: Artikel „Subsidaritätsprinzip", in: Katholisches Soziallexikon, Sp. 1202 ff.
[10] Vergl. *Walter Kerber*: Katholische Soziallehre, S. 620.

Person oder Sozialgruppe) als Zielpunkt, das Geschuldete als Gegenstand sowie die Gleichwertigkeit als Maß[11]. Gerechtigkeit in diesem Sinne unterscheidet sich damit vom Begriff Gerechtigkeit im theologischen Sinne. Dort spricht man von der „Gerechtigkeit Gottes" und meint damit entweder die dem Menschen verliehene Heilsgnade („Gottes" als Wesfall des Urhebers) oder die Heiligkeit Gottes („Gottes" als Wesfall des Besitzers). Gerechtigkeit im Sinne von Rechtlichkeit tritt in drei Grundformen auf[12].

Übersicht 10

Gerechtigkeitsprinzip (Rechtlichkeitsprinzip)

Gerechtigkeit wird durch *drei wesentliche Merkmale* bestimmt:

1. den anderen (Person, Sozialgruppe) als Zielpunkt

2. das Geschuldete als äußeren Gegenstand

3. die Gleichwertigkeit als Maß

Gerechtigkeit tritt in *drei Grundformen* auf:

1. *ausgleichende Gerechtigkeit* (Tauschgerechtigkeit)
   Sie fordert die Übereinstimmung von Leistung und Gegenleistung im Verkehr der Sozialglieder untereinander

2. *austeilende Gerechtigkeit* (Zuteilungsgerechtigkeit)
   Sie fordert die Gleichmäßigkeit in der Verteilung von Gütern und Lasten auf alle Glieder einer Gesellschaft

3. *gesetzliche Gerechtigkeit* (Legalgerechtigkeit)
   Sie fordert vom einzelnen, alle an ihn gestellten Ansprüche der Gesellschaft in Hinblick auf die Erreichung des Gemeingutes zu erfüllen

---

(ea) Die *ausgleichende Gerechtigkeit* (Tauschgerechtigkeit, Vertragsgerechtigkeit) zielt auf die Rechtheit im Verkehr zwischen den Gliedern der Gesellschaft; sie steht im Rahmen des Privatrechts. Ihre Ver-

---

[11] Siehe *Victor Cathrein*: Moralphilosophie, S. 292 ff. sowie *Franz Klüber*: Artikel „Gerechtigkeit", in: Katholisches Soziallexikon, Sp. 315 ff.
[12] Siehe *Joseph Höffner*: Christliche Gesellschaftslehre. 6. Aufl., Kevelaer 1974, S. 50 ff., sowie sehr einsichtig *Oswald von Nell-Breuning*: Soziale Gerechtigkeit — soziale Verantwortung, in: Gesellschaft und Politik (Schriftenreihe des Dr. Karl Kummer-Instituts für Sozialpolitik und Sozialreform in Wien), Jahrg. 12 (1976), Heft 1, S. 75—80.

letzung durch Handlungen wie Übervorteilung, Diebstahl oder Eingriff in Leib und Leben des Nächsten schafft einen Unrechtszustand. Sie tritt in der Wirtschaft besonders als Preisgerechtigkeit und Lohngerechtigkeit hervor.

(eb) Die *austeilende Gerechtigkeit* (Zuteilungsgerechtigkeit) richtet sich auf die Beziehungen zwischen dem einzelnen und der Gesellschaft; ihr Gegenstand ist das öffentliche Recht. Sie verpflichtet die Entscheidungsträger einer jeden Gesellschaft, Vorteile und Lasten auf die einzelnen Glieder gemäß der unterschiedlichen Stellung des einzelnen innerhalb des Sozialgebildes umzulegen. Zur Zuteilungsgerechtigkeit zählen auch die Geldwertgerechtigkeit und die Steuergerechtigkeit.

(ec) Die *gesetzliche Gerechtigkeit* (Legalgerechtigkeit) ist das Gegenstück zur austeilenden Gerechtigkeit. Verpflichtet sind hier die Personen, berechtigt die Gesellschaft. Unter die gesetzliche Gerechtigkeit fallen daher alle äußeren Handlungen, die von der Rechtsordnung eines Sozialgebildes in Hinblick auf die Verwirklichung des Gemeingutes gefordert werden. Der einzelne ist zur Beachtung dieser Rechtsnormen der Gesellschaft verpflichtet, soweit das Zielgut selbst keinen Unrechtswert darstellt.

(ed) Weil Gerechtigkeit in jedem Falle begriffsnotwendig die Bezogenheit auf den anderen in sich schließt, ist der Ausdruck *soziale Gerechtigkeit* mißdeutig. Manche verstehen darunter die gesetzliche Gerechtigkeit; einige die austeilende und die gesetzliche Gerechtigkeit zusammengenommen; andere beziehen sie auf das Verhältnis der gesellschaftlichen Gruppen zueinander; auch als Harmonie unter den drei genannten Gerechtigkeitsformen wurde soziale Gerechtigkeit interpretiert.

3. Freilich muß man zur Kenntnis nehmen, daß die Heranziehung der Katholischen Soziallehre als Beurteilungsmaßstab bei nicht wenigen Menschen ganz offenkundig auf *Ablehnung* stößt. Solche Verweigerung einer Anerkenntnis der Normen Katholischer Soziallehre fußt auf verschiedenen Gründen. Die *Haupteinwände* lassen sich grob in vier mit unbestimmter Vergleichsform verknüpfte Eigenschaftsbeziehungen fassen: zu römisch, zu rückständig, zu vieldeutig und zu verurteilend. Diese Beschuldigungen gilt es kurz auf ihre Berechtigung hin zu überprüfen.

(a) Viele Mitmenschen sehen in der Katholischen Soziallehre eine von *Rom*, vom *Papst* kommende Doktrin. Hiergegen haben sie ihre Vorbehalte. Etliche, dem ächten Glauben nach den Bekenntnisschriften der deutschen Reformation Verpflichtete erkennen klärlich im Papst den *Antichristen*[13]. Anderen ist eher ein *Vorurteil* gegen den Papst eigen.

A. Beurteilungsmaßstäbe

Vorurteile sind feste, im allgemeinen unrichtige Vorstellungen über Personen und Sachen. Es sind Urteile, die auf vereinfachender Betrachtung der Wirklichkeit und unzulässigen Verallgemeinerungen beruhen, aber nur schwer richtigzustellen sind[14]. Nun ist gegenüber beiden wider „Rom" voreingenommenen Gruppen zu betonen, daß die Katholische Soziallehre *kein* Ausfluß päpstlich erdachter Äußerungen ist. Aus sehr vielen, in sich vermaschten Gründen war tatsächlich in der katholischen Kirche seit etwa dem Jahre 1840 etwas vorherrschend, was man als „Papalismus", abfällig auch als „Ultramontanismus" bezeichnet hat[15]. Der heute generell anerkannte Kirchenbegriff sieht jedoch in der Kirche das Volk Gottes mit Christus als dem Haupt und einem allen gemeinen Priestertum[16]. Die Katholische Soziallehre wurde nun aber in ihren Prinzipien vor allem im deutschsprachigen Raum entwickelt und als Lehrverkündigung verbreitet, lange ehe päpstliche Rundschreiben sich dazu äußerten[17]. Diese nahmen das in der Kirche bereits herangewachsene Gedankengut auf und verkündigten es kraft ihres Amtsansehens über die katholische Kirche der ganzen Welt. Es ist überdies ein Irrtum zu glauben, in der katholischen Kirche könne der Papst jede Lehre (gar noch als „unfehlbar") verkündigen, die er wolle[18]. Daß dem

---

[13] Aus dem Konkordienbuch den zweiten Teil, Artikel 4 der der Schmalkaldischen Artikel sowie deren Anhang („Von der Gewalt und Oberkeit des Pabsts, durch die Gelehrten zusammengezogen zu Schmalkalden"). — „Dem Einwand, daß es doch manche persönlich ehrbare, ja fromme Päpste gegeben habe, liegt ein nicht christliches (so!) Urteil zugrunde. Von Frömmigkeit kann bei Päpsten nicht die Rede sein, da auch die ‚Frommen' unter ihnen an der Spitze der Maschinerie stehen, wodurch der christliche Glaube abgetan und verflucht wird" (*Franz Pieper*: Christliche Dogmatik. St. Louis 1946, S. 746). *Et auctor hanc opinionem inveteratam cum lacte nutricis suggessit atque liberos suos docuit, quod facile intelligi potest.*

[14] Siehe *Uwe Johannsen*: Das Marken- und Firmen-Image. Theorie, Methodik, Praxis. Berlin 1971, S. 42 f.

[15] Vgl. zu diesem Themenkreis *Hans Küng*: Unfehlbar? Eine Anfrage. 4. Aufl., Köln 1974.

[16] Siehe Zweites Vatikanisches Konzil: Dogmatische Konstitution über die Kirche, Kapitel II (Das Volk Gottes) sowie ferner *Hans Küng*: Die Kirche. 4. Aufl., Freiburg 1973.

[17] Deren erstes ist das Sozialrundschreiben „Rerum Novarum" von *Papst Leo XIII* aus dem Jahre 1891.

[18] „Man versteht heute Kirche weniger als Klerus, Hierarchie und Lehramt denn als Volk Gottes, wenn auch selbstverständlich mit seinen amtlichen Leitern. Demzufolge ist die Verheißung, daß der Geist der Wahrheit die Kirche in die volle Wahrheit einführen wird, von der die kirchliche Soziallehre ihre eigentliche theologische Bedeutung erhält, *nicht* in dem Sinne zu verstehen, als komme dieser Beistand mit Notwendigkeit der Kirche ausschließlich oder vorwiegend *über das Lehramt* zu. Dessen Aufgabe besteht vielmehr in der *Sicherstellung der Einheit* der Lehre und darin hat es für jeden Katholiken eine unaufgebbare Funktion. Es wäre aber *überfordert*, wenn es über die Abgrenzung gegen Irrtum hinaus noch die Zuständigkeit für eine *aktive Wahrheitsfindung* beanspruchen wollte" (*Walter Kerber*: Katholische Soziallehre, S. 584 f.).

nicht so ist, sieht man auch als Außenstehender an Erscheinungen wie dem Sturm der Entrüstung, welcher dem Rundschreiben „Humanae Vitae" von *Papst Paul VI* (für viele die „Pillen-Enzyklia") innerhalb der katholischen Kirche folgte. — Aus einer ablehnenden Haltung gegenüber dem Papst ist nach alledem nicht im geringsten die Zurückweisung der Katholischen Soziallehre zu rechtfertigen. Es wäre eine solchermaßen begründete Ablehnung etwa so abwegig wie die Verdammung des *Code Civil*, nur weil ihn *Napoléon* befördert und unter seiner Regierung zu Ende gebracht hat.

(b) Wenn man gegen die Katholische Soziallehre einwendet, sie sei zu *rückständig*, veraltet, unzeitgemäß, so kann sich dies nur auf die Sozial*verkündigung* (siehe Übersicht 7, Spalte 2) beziehen, nicht aber auf die Sozial*theorie*. Denn deren Grundsätze haben Geltung unabhängig von der Zeit. So kann man beispielsweise zwar eine Maschine als veraltet bezeichnen, nicht aber das ihrer technischen Funktion zugrundeliegende physikalische Prinzip, etwa das Hebelgesetz oder das Massengesetz. Was also den engeren Vorwurf einer Un-Zeitgemäßheit der katholischen Sozialverkündigung anbelangt, so ist dieser leider Gottes nicht ganz unberechtigt. Viele unbegabte, wohlmeinende „Vertreter" der katholischen Sozialverkündigung[19] stellen einfach all das nebeneinander, was zu irgendeiner Zeit aus der Sozialtheorie abgeleitet wurde. Dabei ist in der Regel auch noch ihr Auswahlkriterium un-sinnig. In ihrer Einfalt wähnen sie alles das als gut und brauchbar, was irgendein Papst gesagt hat, und sei es auch 100 Jahre alt. Von minderer oder überhaupt keiner Bedeutung ist dagegen, was „Neue", „Moderne" zur Katholischen Soziallehre äußern. Noch schlimmer wird es aber, wenn über die bloße Zusammenstellung hinaus solche Aussagen verwoben und unter dem Titel „Katholische Soziallehre" mit dem Anspruch verbindlicher kirchlicher Unterweisung verbreitet werden. Das ist ebenso töricht, als gäbe man dem Studenten der Nationalökonomie eine Fibel in die Hand, bestehend aus einer Mischung von Lehrsätzen aus aller Zeit. Aus Übersicht 7, Spalte 2 ist erkennbar, daß die Sozial*verkündigung* als Anwendungslehre grundsätzlich *zeitgebunden* ist[20]. Ihre Aussagen können immer nur Geltung für die ganz bestimmten Umstände haben: für gesellschaftliche Bedingungen, die zu einer gewissen Zeit irgendwo vorherrschend waren. Verändern sich die technischen, wirt-

---

[19] Bedauerlicherweise ist ihre *Anzahl* gewaltig und ihr *Eifer* übergroß: eine bleierne Last für die Soziallehre und ihre Kundmachung an den aufgeschlossenen Menschen unserer Tage! Denn mit Recht schreibt *Jean de La Fontaine* (in der Fabel: *L'Ours et l'Amateur*): Rien n'est si dangereux qu'un ignorant ami. Mieux vaudrait un sage ennemi.

[20] Das Wort „grundsätzlich" sei als Einschränkung verstanden. Sicher gibt es (wie in jeder Anwendungslehre) *auch* in der Sozialverkündigung *überzeitliche* Aussagen. Siehe *Gustav Ermecke*: Die Aktualität der „Katholischen Soziallehre" heute, in: Ordnung im sozialen Wandel, S. 73.

schaftlichen und damit zwangsläufig verbunden auch die gesellschaftlichen Umstände, so verlieren bisher gefolgerte Ableitungen aus den Richtsätzen ihre Gültigkeit[21]. Die Soziallehre muß daher immer wieder neu formuliert werden, und bisherige Aussagen der Sozialverkündigung sind dann auszuscheiden. — Nun ist aber aus der richtigen Feststellung, daß die katholische Sozialverkündigung teilweise auch Veraltetes und Überholtes mitschleppt, keine Ablehnung ihrer Prinzipien zu folgern. Wer dies tun sollte, muß sich darüber im klaren sein, daß seine Haltung auf einem offensichtlichen *Fehlschluß* gründet[22].

(c) Die Beurteilung der Katholischen Soziallehre als zu *vieldeutig* ist ein Vorwurf, der auch im innerkirchlichen Raum erhoben wird. Gemeint ist hier die Tatsache, daß sachkundige Vertreter der Katholischen Soziallehre aus den Prinzipien unterschiedliche Folgerungen für bestimmte Gegebenheiten ableiten. Man spricht hier von einer Deutungsvielfalt bzw. von einem „Interpretationspluralismus"[23]. Viele Menschen innerhalb und außerhalb der Kirche erwarten, daß aus den Grundsätzen katholischer Sozialtheorie eine einzige Antwort auf drängende Fragen der Zeit gegeben werden könne und müsse. Aus wissenschaftslogischen Überlegungen läßt sich indessen erkennen, daß aus weit gefaßten Richtsätzen immer mehrere „richtige" Handlungsrichtlinien gewonnen werden können[24]. Die katholische Kirche besteht heute sogar

---

[21] Die katholische Kirche huldigt (zumindest heute) keineswegs einem statischen Weltbild, wie dies oft behauptet wird. Siehe des näheren *Friedrich Beutter:* Der Fortschrittsgedanke in der Pastoralkonstitution „Die Kirche in der Welt von heute" im Horizont der Umweltproblematik, in: Jahrbuch für christliche Sozialwissenschaften, Bd. 16 (1975), S. 47 ff., insbes. S. 51 f.
[22] Eigentlich auf einem *doppelten* Fehlschluß: aus der Rückständigkeit der *Verkündigung* wird auf die Unbrauchbarkeit der *Prinzipien* geschlossen (*ignorantia elenchi* bei den alten Logikern); aus der Überholtheit *einiger* wird auf das Veraltetsein *aller* Aussagen geschlossen (*ficta universalitas* in der aristotelischen Logik).
[23] Siehe aus der Fülle der Literatur zu diesem Thema *Hermann Josef Walraff:* Die katholische Soziallehre — ein Gefüge von offenen Sätzen, in: Normen der Gesellschaft (Nell-Breuning-Festschrift), Mannheim 1965, S. 27 ff.
[24] Der *Informationsgehalt* (im Sinne der Wissenschaftstheorie: also ihr empirischer Gehalt oder Erfahrungsgehalt) *ist gering.* Deswegen sind viele konkrete Sachverhalte mit den Prinzipien vereinbar. — Noch genauer: die abstrakten Begriffe der Prinzipienlehre (beispielsweise: Verteilungsgerechtigkeit) müssen „operationalisiert" (durch genau feststellbare, empirische Merkmale angegeben) werden. Das führt zwangsläufig bereits zu Ungleichförmigkeiten, weil interdependente soziale Verhältnisse gedanklich isoliert (im Beispiel zunächst einmal Einkommensarten unterschieden und Beziehern „zugerechnet") werden müssen. Eine weitere Quelle für unterschiedliche Deutungen liegt darin, daß vorgefundene Sachverhalte mit dem (auf dem Wege der Operationalisierung der Prinzipien gewonnenen) Tatbestand verglichen werden. — *Eindeutig* ist aber in fast jedem Falle eine *Negativaussage.* Die Katholische Soziallehre kann damit einstimmig Abgrenzungen zum Unmenschlichen, zum Unrecht, zur Nichtwohlfahrt, usw. vornehmen. Siehe auch *Oswald von Nell-Breuning:* Der Wahrheitsanspruch der katholischen

nachdrücklich auf solcher Deutungsvielfalt[25]. — Nun fallen aber auch hier wieder all jene einem Trugschluß zum Opfer, die aus der Tatsache verschiedener Wege zu einem Ziel auf die Falschheit des Zieles selbst schließen. Das Ziel jedoch ist eindeutig und völlig unbestritten: nämlich die Verwirklichung der Grundnormen katholischer Sozialtheorie in der sich heute rasch wandelnden Gesellschaft.

(d) Der Einwurf, die Katholische Soziallehre sei zu *verurteilend* meint, sie sei im wesentlichen eine Anti-Lehre: sie sei dazu geschaffen, um Erscheinungen der sozialen Umwelt abzuurteilen. Diese Vorhaltung ist empirisch leicht zu widerlegen. Die Katholische Soziallehre möchte das Gedankenbild eines möglichst menschenwürdigen Gesellschaftssystems entwerfen und Wege zu seiner Verwirklichung zeigen. Nie verstand sie sich als eine Anti-Lehre oder trat als eine solche auf. Was jedoch die Katholische Soziallehre stets einstimmig verurteilte, sind gesellschaftliche Extremformen wie der Marxismus-Leninismus, der Faschismus oder der schrankenlose, ungezügelte Kapitalismus. Hierin war sie sich mit der Hauptlinie der Bewertung dieser Extreme in allen Lagern einig. Hingegen hat jede andere Ordnungsform der Gesellschaft ihre Befürworter auch in der Katholischen Soziallehre gefunden und findet diese heute noch[26]. Das schließt freilich nicht aus, daß andere Vertreter der Katholischen Soziallehre solche Ordnungsformen (wie etwa den Neo-Liberalismus oder den demokratischen Sozialismus) auch kritisch betrachten[27]. Hierin äußert sich der schon gekennzeichnete Interpretationspluralismus der Katholischen Soziallehre. — Der Vorwurf, die Katholische Soziallehre sei eine Contralehre und als solche stets

---

Soziallehre, in: *Testimonium Veritati*. Philosophische und theologische Studien zu kirchlichen Fragen der Gegenwart. Frankfurt 1971, S. 257 ff., insbes. S. 269 f.

[25] In seinem Schreiben „*Octogesima Adveniens*" aus dem Jahre 1971 (zum 80. Jahrestag des Rundschreibens „*Rerum Novarum*") betont *Papst Paul VI*: „Unter den jeweils gegebenen Verhältnissen und je nach den persönlichen Bindungen des einzelnen *muß freie Wahl bestehen zwischen verschiedenen Wegen zum Ziel.* Ein und derselbe christliche Glaube kann die Triebkraft sein für Unternehmen verschiedenster Art." Der Papst faßt dann die Tatsache ins Auge, daß Christen wegen ihrer verschiedenen Ansichten zur Zielerreichung auch als politischer Gegner auftreten und fordert nur, „daß sie sich mit gutem Willen und in gegenseitiger Achtung um Verständnis für die Meinung des anderen und die von ihm dafür geltend gemachten Gründe bemühen". Siehe auch *Walter Kerber*: Katholische Soziallehre, S. 579.

[26] Man betrachte die „Richtungskämpfe" innerhalb der katholischen Sozialverkündigung, die *Emil Ritter* (Die katholisch-soziale Bewegung Deutschlands im 19. Jahrhundert und der Volksverein. Köln 1954) in ihren vielfältigen Auswirkungen auf das Handeln anschaulich schildert.

[27] Siehe die übersichtliche Vergleichung von *Erwin Stindl*: 100 Worte Soziallehre. Gemeinsamkeiten und Gegensätze zwischen Liberalismus, Sozialismus und christlicher Soziallehre. Würzburg 1963 sowie tiefergehend *Arthur Utz*: Zwischen Neoliberalismus und Neomarxismus. Die Philosophie des Dritten Weges. Köln 1975.

A. Beurteilungsmaßstäbe

Übersicht 11

Häufig wiederkehrende Einwände gegen die Katholische Soziallehre	
Vorwurf	Tatsachen
zu römisch	Die Katholische Soziallehre entspringt dem christlich-abendländischen Denken. Sie wurde entwickelt und geformt, lange ehe römische (päpstliche) Rundschreiben das Gedankengut schulgerecht über die Weltkirche verbreiteten
zu rückständig	Die Richtsätze der katholischen Sozialtheorie sind zeitlos gültig. Wenn tatsächlich aus ihnen hie und da Folgerungen gezogen werden, welche auf die heutige Situation nicht mehr anwendbar sind, so kann daraus nicht auf die Unzeitgemäßheit der Prinzipien geschlossen werden
zu vieldeutig	Aus sehr weit gefaßten Prinzipien (Allsätzen) folgen bei Bezug auf soziale Gegebenheiten notwendig unterschiedliche Aussagen. Eine Deutungsvielfalt schützt jede Doktrin vor Erstarrung. Gleichwohl kann die Sozialverkündigung einstimmig stets die Grenze zum Negativen markieren
zu verurteilend	Die Katholische Soziallehre möchte das Gedankenbild einer möglichst menschenwürdigen Gesellschaft entwerfen. Sie ist keine Antilehre, nämlich dazu geschaffen, um Verhältnisse der Umwelt abzuurteilen. Vielmehr ist sie nach allen Seiten hin dialogfähig und offen

wider etwas, stimmt in keiner Weise mit dem tatsächlichen Befund über das Selbstverständnis und die Aussagen der Soziallehre überein. Diese ist tatsächlich nach allen Seiten hin dialogbereit und offen[28]. Die Kritiker übertragen hier augenscheinlich Erfahrungen, welche sie mit anderen Gebieten kirchlicher Lehrverkündigung gemacht haben, ohne

---

[28] Siehe hierzu *Rudolf Weiler:* Katholische Soziallehre im Dialog, in: Ordnung im sozialen Wandel, S. 95 ff. sowie *Anton Burghardt:* Ideologieverdacht gegen Christliche Soziallehren, in: Wort und Wahrheit, Bd. 25 (1970), S. 15 ff.

berechtigten Anlaß auch auf die Katholische Soziallehre. Daß vor allem die *Moraltheologie* als Antilehre in diesem Sinne empfunden wird, mag seine verständlichen Gründe haben. Erfuhr der einzelne sie bisher doch tatsächlich weithin als eine solche *Contralehre*. Persönliche Entscheidungen (vom Nacktbaden über die Ehe bis zur Verfügung über seinen Leichnam) wurden hier unablässig als sündhaft und verwerflich abgeurteilt. Daß eine sich derartiger Schelte jahrein jahraus ausgesetzte Person am Ende solcher Verkündigung entzieht und deren Geltungsanspruch ablehnt, ist verständlich und erklärbar[29]. Die Moraltheologie ist nun aber mitnichten der Katholischen Soziallehre gleichzusetzen.

4. Die gedrängte Darlegung der Grundaussagen katholischer Sozialtheorie hat gezeigt, daß diese Prinzipien sowohl im einzelnen als auch gesamthaft durchaus einsichtig erscheinen. Andrerseits zeigten sich die gegen eine Anerkennung der Richtsätze ausgesprochene Bedenken (siehe Übersicht 11) bei näherem Besicht als sachlich nicht begründbar und begründet. Die Zustimmung zu den Leitsätzen der katholischen Sozialtheorie schließt andrerseits keineswegs auch die Anerkennung anderer Lehrsätze der römischen Kirche ein, und die Herleitung einer Aussage aus katholischen Sozialprinzipien bedeutet kein irgendwie geartetes Bekenntnis zur katholischen Kirche. Angesichts dessen scheint es ohne weitere Probleme, bei der folgenden Kritik der Offensivwerbung diese Prinzipien zugrundezulegen. In Übersicht 12 sind diese nochmals aufgeführt und in ihrem wesentlichen Inhalt beschrieben.

---

[29] Erklärbar mit Hilfe der „Theorie kognitiver Dissonanz". Soll jemand ein Verbot anerkennen, das gegen seine eigenen Erfahrungen und Meinungen gerichtet ist, so entsteht ein spannungsvoller Zustand, eine „kognitive Dissonanz". Je höher dieser für die Person unangenehme Spannungszustand wird, desto eher ist diese geneigt, die Dissonanz abzubauen und „Konkordanz", nämlich Gleichstimmigkeit, herzustellen. — Andrerseits bestimmt sich die Art und Weise der Entledigung von diesem Zustand danach, welcher der beiden Dissonanz verursachenden Achsenpunkte mit der geringsten Schwierigkeit entspannt werden kann. Dies wird im hier betrachteten Fall in der Regel der Spannungspol „moralische Verbote" sein; zumal mancheines dieser Verbote der katholischen Moraltheologie von der Mehrheit selbst der Kirchentreuen als nicht begründet angesehen werden. Die Verbote der katholischen Moraltheologie dürften also in jedem Falle weiter von der Ich-Nähe der Person entfernt sein als der gegenteilige Standpunkt. So kommt es dann zunächst dazu, daß sich die Person der kirchlichen Moralverkündigung entzieht. Aus Furcht vor dem Entstehen neuer Dissonanzen folgt als nächstes sodann die Verweigerung jeder kirchlichen Lehrverkündigung. — Siehe zur „Theorie kognitiver Dissonanz" näher *Leon Festinger*: Die Lehre von der kognitiven Dissonanz, in: *Wilbur Schramm* (Hrg.): Grundfragen der Kommunikationsforschung. 5. Aufl., München 1973, S. 27 ff.

A. Beurteilungsmaßstäbe

Übersicht 12

Wesentlicher Inhalt der katholischen Sozialtheorie (Grundsätze, Prinzipien)	
Grundsatz	Kennzeichnende Aussagen in Kurzbeschreibung
Personprinzip (Individualitätsprinzip)	Jedem einzelnen kommt als *Person* eine *Würde* zu, durch die er *mehr* ist als nur ein einzelnes Stück der Gattung „Mensch", mehr als lediglich ein dem Staatswohl untergeordneter Bürger und mehr als bloß ein zufälliges und verschwindendes Moment in der Entwicklung des Weltganzen. Aus dieser *Würde* fließen unveräußerliche *Rechte*
Gesellschaftsprinzip (Sozialitätsprinzip)	Der Mensch ist *Sozialwesen*. Er ist auf andere angewiesen: ohne Fremdhilfe kann er nicht leben. Zudem ist er auf andere angelegt: Werte und Tugenden verwirklichen sich erst im Verkehr mit Mitmenschen. Die Gesellschaft (jede Menschengruppe, die durch Zuordnung mindestens zweier Personen entsteht) hat ihre *eigenen Werte*, jedoch *keinen* Eigenwert
Wohlfahrtsprinzip (Gemeinwohlprinzip)	Das *Zielgut* einer jeden Gesellschaft heißt Gemeingut. Die *Verfaßtheit* der Gesellschaft in Hinblick auf das Gemeingut heißt *Gemeinwohl*. *Wohlfahrt* ist die Gesamtheit jener Einrichtungen und Zustände einer Gesellschaft, welche sowohl das Erreichen des Gemeingutes als auch die Teilhabe des einzelnen daran angemessen ermöglichen
Zuständigkeitsprinzip (Subsidiaritätsprinzip)	*Positiv:* die Glieder einer Gesellschaft haben *Anspruch* auf Hilfe in allen Dingen, die ihre eigenen Kräfte übersteigen. *Negativ:* die Organe der Gesellschaft dürfen den einzelnen Gliedern nur solche Aufgaben abnehmen, welche diese selbst nicht erbringen können. *Allgemein:* die Gesellschaft ist so zu organisieren, daß unbefugte Herrschaft von Menschen über Menschen ausgeschlossen bleibt
Gerechtigkeitsprinzip (Rechtlichkeitsprinzip)	Gerechtigkeit hat einen *Zielpunkt*: den anderen, einen *Gegenstand*: das Geschuldete sowie ein *Maß*: die Gleichwertigkeit. Als *ausgleichende Gerechtigkeit* fordert sie die Gleichheit von Leistung und Gegenleistung, als *austeilende Gerechtigkeit* die gleichmäßige Behandlung aller Sozialglieder, als *gesetzliche Gerechtigkeit* vom einzelnen, an ihn gestellte Forderungen zur Erreichung des Gemeingutes zu erfüllen

B. Hauptsächliche Vorwürfe gegen die Offensivwerbung

1. Eine Abneigung gegen „die Werbung" gilt heute in vielen Kreisen als selbstverständlich und als Ausdruck „fortschrittlicher" Gesinnung. Gerade das jedoch macht es so schwer, zu genauerer Unterscheidung und zu begründeter Beurteilung zu gelangen. Es sei aus diesem Grunde ausdrücklich daran erinnert, daß wir hier einzig und allein mit der (in Übersicht 5 mit ihren kennzeichnenden Merkmalen beschriebenen) Offensivwerbung befaßt sind. Alle anderen Formen der Werbung bleiben außer Betracht. Über sie ist durch die nachfolgenden Erörterungen daher auch *nichts* ausgesagt, weder im positiven noch im negativen Sinne.

2. Die einzelnen Anschuldigungen gegen „die Werbung" im allgemeinen und gegen die Offensivwerbung im besonderen sind vielgestaltig, bei näherer Prüfung jedoch nicht auch vielfältig. Es werden nämlich immer wieder dieselben Hauptargumente anders ausgedrückt und beschrieben. Diese Kernvorwürfe lassen sich hinsichtlich ihres Bezugs in *drei Gruppen* einteilen: in individualethische, sozialethische und nationalökonomische. Gewiß wäre es berechtigt, auch volkswirtschaftliche Einwände gegen die Offensivwerbung den sozialethischen beizuzählen: ist doch die Volkswirtschaft eine besondere gesellschaftliche Erscheinungsform. Bei der getroffenen Einteilung nach dem Bezugsrahmen der Kritik scheint es indessen leichter, den einzelnen Argumenten der Kritik auf die Spur zu kommen. Wir wollen es daher bei der Dreiteilung belassen.

I. Individualethische Einwände

Individualethik wurde bereits in Übersicht 6 als jener Zweig der Sittenlehre vorgestellt, der sich überwiegend mit Handlungsrichtlinien für den einzelnen befaßt[30]. Als individualethische Einwände seien demgemäß *zwei Klagen* gegen die Offensivwerbung bezeichnet: der Vorwurf der *Lüge* und die Bezichtigung der *Manipulation*. Beiden Anschuldigungen ist der individualethische Bezug insofern gemeinsam, als sie auf kennzeichnende Grundhaltungen (Tugenden) des einzelnen zielen. Damit ist jedoch nicht gesagt, daß Lüge und Manipulation keine gesellschaftlichen Auswirkungen hätten. Jeder individualethische Wert hat aufgrund der Tatsache, daß der Mensch ein Gesellschaftswesen ist, automatisch auch soziale Auswirkungen. Dies wird bei der näheren Betrachtung der einzelnen Vorhaltungen deutlicher sichtbar.

---

[30] Weil der einzelne in der Gesellschaft lebt, mündet jede individualethische Betrachtung notwendig in sozialethische Überlegungen ein. Dies zeigt anschaulich am Beispiel des Geldes *Friedrich Beutter:* Zur ethischen Dimension des Geldes, in: Acta Monetaria, Bd. 1 (1977), S. 11 ff.

B. Hauptsächliche Vorwürfe gegen die Offensivwerbung   41

1. Lüge

1. Daß die Offensivwerbung lüge, ist ein alltäglicher Vorwurf. Dabei findet sich bei ernsthaften Kritikern freilich kaum die Klage, daß eine Werbebotschaft von Anfang bis Ende gelogen sei. Vielmehr wird die Offensivwerbung beziehen, daß sie Wahrheit und Lüge durcheinandermische[31], „oder doch in jedem Fall (so!) die ganze Wahrheit verschweigt (wie die, daß Waschmittel Flüsse verschmutzen und Zigaretten die Bronchien schädigen)[32]". Gerade in der Vermengung von Wahrheit und Lüge sehen einige besonders große Gefahren. „Wäre *alles* Lüge, so wäre es vielleicht noch besser, weil es wenigstens auch eindeutig so genannt werden könnte. So aber wird Wahrheit und Lüge, treffende Benennung, gänzliche Fälschung und wilde Übertreibung immer ununterscheidbarer[33]." Die Kritiker weisen darauf hin, daß die dauernde Lüge in der Offensivwerbung die Gesellschaft aushöhle. Wird doch ein wesentlicher gesellschaftlicher Wert (siehe Übersicht 8), nämlich das gegenseitige Vertrauen der Personen auf das Wort, beständig angenagt[34]. Dies führt über kurz oder lang zu einem Klima gegenseitigen Mißtrauens. Weniger in der Tatsache, daß eine einzelne Werbebotschaft Lügen enthalte, wird als die entscheidende Gefahr angesehen. Vielmehr beklagt man die Fernwirkungen der Lüge auf die Gesellschaft. Auch widerspricht die Lügenhaftigkeit der Offensivwerbung dem Gerechtigkeitsprinzip (siehe Übersicht 10), genauer der Tauschgerechtigkeit. Der umworbene Verbraucher wird zu einer Leistung (Geldhingabe und Kauf des Gutes) bewegt, und er erhält dafür nicht jene Gegenleistung, die ihm angekündigt wurde und die er als Vertragsbestandteil ansieht.

2. Angesichts dieses Vorwurfs der Lüge ist zunächst genauer festzulegen, was man unter Lüge zu verstehen hat[35]. Hier müssen drei, begrifflich scharf voneinander zu trennende Kennzeichen für die Definition herangezogen werden: die *Unwahrheit* als objektive Tatsache, die *Unwahrhaftigkeit* als subjektiver Faktor sowie die *Schuld* als subjektives Kriterium; siehe auch Übersicht 13. Erst dann darf man zutreffend von Lüge sprechen, wenn neben der Unwahrheit (die Aussage stimmt

---

[31] Siehe *Erich Wasem:* Presse, Rundfunk, Fernsehen, Reklame pädagogisch gesehen. München—Basel 1959, S. 217.
[32] *Wolfgang Schmidbauer:* Homo consumens. Der Kult des Überflusses. Stuttgart 1972, S. 78.
[33] *Kurt Schilling:* Geschichte der Sozialen Ideen. 2. Aufl., Stuttgart 1966, S. 402 (Kröners Taschenausgabe 261).
[34] Siehe *Charles E. Curran:* Absolute Norms and Medical Ethics, in: Absolutes in Moral Theology? Washington—Cleveland 1968, S. 124.
[35] Die folgenden Unterscheidungen gründen sich auf die bedeutsame Studie von *Walter G. Becker:* Der Tatbestand der Lüge. Ein Beitrag zur Abstimmung von Recht und Ethik. Tübingen 1948 (Recht und Staat in Geschichte und Gegenwart 134/135).

Übersicht 13

> *Lüge* liegt dann vor, wenn die folgenden drei Merkmale eindeutig erfüllt sind:
>
> 1. *Unwahrheit* (objektive Erscheinung):
>   Nichtübereinstimmung von Aussage und Wirklichkeit
>
> 2. *Unwahrhaftigkeit* (subjektives Kennzeichen):
>   Nichtübereinstimmung von Tun und Überzeugung, von Rede und Gedanken
>
> 3. *Schuld* (subjektives Kriterium):
>   böse Absicht oder Unterlassung der notwendigen Sorgfalt (Fahrlässigkeit)

mit der Wirklichkeit nicht überein) und der Unwahrhaftigkeit (jemand drückt nicht das aus, was er denkt oder will) auch die Schuldhaftigkeit (als böse Absicht oder als Unterlassung der notwendigen Sorgfalt) einwandfrei festgestellt ist. Aus diesem Grunde gilt es, das Wort Lüge gegen den Ausdruck Unwahrheit begrifflich abzusetzen. Eine unwahre Aussage ist nicht auch eine Lüge. Es muß zu der Unwahrheit noch die Unwahrhaftigkeit hinzukommen. Und schließlich darf man lediglich dann den Vorwurf der Unwahrheit und Unwahrhaftigkeit zur Anschuldigung der Lüge erheben, wenn eine solche unwahre und unwahrhafte Aussage schuldhaft zustande kommt[36]. Im Sinne dieser Klarstellung wäre als nächstes zu prüfen, inwieweit die drei Merkmale der Lüge auf die Offensivwerbung zutreffen.

3. Daß Aussagen der Offensivwerbung *unwahr* (unrichtig, falsch) sind, steht ganz außer Zweifel. Jedoch gilt es hier wiederum genauer *drei Arten* der Unwahrheit zu unterscheiden, nämlich erstens Aussagen, welche ein Gut unmittelbar falsch beschreiben, zweitens Werbebotschaften, die negative Tatsachen über das Gut verschweigen und drittens Aussagen, die ein Gut dadurch unrichtig darstellen, daß sie diesem nicht der Wirklichkeit entsprechende Merkmale und Eigenschaften zuschreiben. Wir wollen im ersten Fall von *direkter*, im zweiten Fall von *indirekter* und im dritten Fall von *versteckter* Unwahrheit sprechen; siehe Übersicht 14.

---

[36] Siehe auch *Hieronymus Noldin:* Summa Theologia Moralis. Bd. 2: De Praeceptis Dei et Ecclesiae. 32. Aufl., Innsbruck 1959, Nr. 636 ff.

B. Hauptsächliche Vorwürfe gegen die Offensivwerbung

Übersicht 14

Die *Unwahrheit* einer Werbebotschaft erklärt sich aus

1. unmittelbar falscher Aussage:
   direkte Unwahrheit

2. Verschweigen negativer Eigenschaften:
   indirekte Unwahrheit

3. Zuschreibung nicht der Wirklichkeit entsprechender Merkmale und Eigenschaften:
   versteckte Unwahrheit

(a) Die Behauptung der Margarinewerbung: „Wer so frühstückt hat es geschafft!" ist geradewegs falsch. Denn die Bewältigung des Alltags hängt nachweislich vom Verzehr der Margarinesorte X am Morgen zum allergeringsten ab. Gleichfalls unwahr ist die Aussage der Waschmittelwerbung: „Daß weißeste Weiß, das möglich ist." Anhand kolorimetrischer Untersuchungen läßt sich nachweisen, daß es „weißeres" Weiß durchaus gibt. Die Anpreisung eines Automobils mit dem Slogan: „XYZ das kleine Wunder, läuft den Berg rauf wie andere runter!" kann selbst der technische Laie als unwahr erkennen. Nun ist aber in den genannten und bei den zahllosen ähnlichen Behauptungen der Offensivwerbung die Unwahrheit jedermann ersichtlich. Niemand glaubt im Ernst daran, daß er nach dem Genuß der Margarinesorte X beim Frühstück für den Alltag gerüstet sei; daß die mit dem Mittel Y gewaschene Wäsche sich durch das weißeste Weiß auszeichne; daß ein bestimmter Autotyp genau so bergan rolle, wie andere bergab. „Die aus der Praxis der Aufrufer übernommenen Übertreibungen dürfen eben nicht ernst genommen werden[37]." Daß solche Übertreibungen „keine Täuschung des Käufers darstellen, auch wenn sie nicht der Wahrheit entsprechen, ist leicht einzusehen und wird auch vom positiven Recht anerkannt"[38].

(b) Ausnahmslos ist das Verschweigen negativer Eigenschaften eines Gutes in der Offensivwerbung zu beobachten. Die Inserate der Zigarettenhersteller schreiben nichts von dem Teer und den Benzpyrenen in den Zigaretten; die Werbung der Alkoholindustrie unterschlägt die vielfältig schädigenden Einwirkungen des Alkohols auf den einzelnen und auf die Gesellschaft[39]. Insofern ist es berechtigt, bei vielen Werbe-

---

[37] *Ludwig Ruland:* Handbuch der Praktischen Seelsorge. Bd. 5: Die Bedeutung der Lehre vom Eigentum für das Leben der Christenheit. München 1940, S. 96.

[38] *Walter Kerber:* Manipulierung des Menschen durch Werbung?, in: Stimmen der Zeit, Bd. 186 (1970), S. 320.

botschaften eindeutig und zweifelsfrei von indirekter Unwahrheit zu sprechen.

(ba) An dieser Stelle wird nun eingewendet, man müsse zur Beurteilung dieses Sachverhalts einen vernünftigen und gerechten Maßstab anlegen. Niemand sei es im persönlichen Verkehr zuzumuten, seine tadelnswerten Charaktereigenschaften zu erwähnen[40]. Wer dies in unserer Gesellschaft täte, gälte als abartig, als Selbstquäler[41]. Auch jede gesellschaftliche Gruppe vermeide es beflissentlich, nach außen ihre unguten Eigenschaften kundzutun. Es sei angesichts dessen nicht einzusehen, warum man ausgerechnet von dem Werbetreibenden eine solche Erklärung schlechter Guteigenschaften verlangen sollte.

(bb) Was in der Tat hier in Bezug auf Personen und Gruppen zutrifft und auch ethisch als richtig gilt, muß aber nicht auch hinsichtlich der Werbung anwendbar sein. Die negativen Eigenschaften von einzelnen Gruppen werden nämlich auf mannigfache Weise und durch vielfache Kanäle jenen bekannt, die mit ihnen in Berührung kommen. Oft steht sogar die Kenntnisnahme unguter Charakterzüge an allererster Stelle der Wahrnehmung über eine Person oder über eine Gruppe. Das gilt für die Familie, die Schule, den Betrieb oder die religiöse Gemeinde ebenso wie für deren einzelne Glieder. Auf merkwürdige Weise erfährt man stets alles über die schlechten Eigenschaften eines noch nie besuchten Verwandten, eines neuen Lehrers, eines neuen Mitarbeiters oder eines neuen Pfarrers. Aber auch als einzelner weiß man oft mehr als genug über die Schwächen einer Familie, einer Schulklasse, einer betrieblichen Abteilung oder einer Gemeinde. Derartige Negativinformationen fehlen so gut wie ganz über Güter, die Gegenstand von indirekt unwahren Werbeaussagen sind. Offensichtlich stellt sich hier nämlich bei uns selbst und bei den lieben Mitmenschen nicht jene *eigenartige Lust* ein, die mit dem Verbreiten schlechter Informationen über andere verbunden ist. Die angeborene Funktion menschlicher Lieblosigkeit, Schadenfreude, Abgunst, Gehässigkeit, Niedertracht, Bosheit, Giftigkeit, Arglist und Lasterhaftigkeit, alles Ichfremde herabzu-

---

[39] Der Alkohol wirkt nicht bloß nachteilig auf die Leber sowie auf das zentrale und periphere Nervensystem des Trinkers. Vielmehr verdirbt der Alkohol die Lebensexistenz von etwa 6000 Menschen jährlich allein in der BRD, *die unter Alkoholeinfluß gezeugt werden*. Siehe des näheren hierzu *Bernfried Leiber* und *Gertrud Olbrich*: Embryopatisches Alkoholismus-Syndrom, in: Monatsschrift für Kinderheilkunde, Bd. 124 (1976), S. 43 ff.

[40] Dies schreibt auch die Tugend der Demut nicht vor; siehe *Augustinus Lehmkuhl*: Theologia Moralis. Bd. 2: Theologia Moralis Specialis. 12. Aufl., Freiburg 1914, Nr. 728 ff. — Eine ungeordnete Selbsterniedrigung steht nach Ansicht der christlichen Ethiker sogar der Demut (als *peccatum per excessum*) eindeutig entgegen; siehe etwa *Ambrosius Stapf*: Epitome Theologiae Moralis. Bd. 2, Innsbruck 1832, S. 21.

[41] Selbstkritik als öffentliche Verkündigung eigener Fehler und Schwächen ist allerdings in allen totalitären Herrschaftsformen bekannt.

würdigen, versagt hier ihre Wirkung. Daher ist der Vergleich der Werbung mit dem Verhalten einzelner und gesellschaftlicher Gruppen hinsichtlich des Verschweigens nachteiliger Eigenschaften schief und mißglückt. Tatsache ist, daß durch die indirekte Unwahrheit der Werbeaussagen das Prinzip der Rechtheit im Tauschverkehr (siehe Übersicht 10, Spalte 2, Zeile 1) verletzt wird. Dadurch entsteht dem schwächeren Tauschpartner ein Nachteil. „So hat z. B. eine Befragung von Gewohnheitsrauchern ergeben, daß die Zigarettenwerbung — die ihre Slogans meistens mit der Darstellung fröhlicher und vitaler junger Männer und Mädchen verbindet — teilweise zu alarmierenden Fehlvorstellungen der Verbraucher geführt hat: trotz der wissenschaftlich erwiesenen Schädlichkeit des Rauchens waren manche der Befragten der Ansicht, ‚Qualitätszigaretten' könnten einfach nicht schädlich sein, ‚höchste Reinheit' bedeute unschädlichen Genuß, und was ‚naturrein' sei, könnte nicht ungesund sein. Noch verbreiteter sind anscheinend Fehlvorstellungen, welche die Werbung für Kosmetika hervorruft[42]."

(c) Die verdeckte Unwahrheit offensivwerblicher Nachrichten wird darin gesehen, daß dem Gut in der Werbebotschaft bewußt ein Gemisch besonderer Vorstellungen, Gefühle und Eindrücke mitgegeben wird. Es entsteht beim Werbeadressaten dadurch das, was die Fachleute als (Produkt)Image bezeichnen[43]. Beispielsweise wird mit einer Kaugummimarke stets auch ein junges Liebespaar in der Natur zur Maienzeit gezeigt; mit dem Kosmetikprodukt ein rauschender Gebirgsbach, dazu wird das Leitmotiv einer dem breiten Publikum bekannten klassischen Oper angespielt; einer Zigarettenmarke wird durch optische und akustische Begleitzeichen ein „Duft der großen weiten Welt" beigeschrieben; einen Markensekt zeigt die Werbebotschaft immer nur in festlicher Umgebung mit Personen der höheren Gesellschaftsschicht; usw. Der Umworbene wird durch diese Werbeinhalte auf Dinge gelenkt, die dem Gut überhaupt nicht eigen sind. Darin liegt eine Nichtübereinstimmung von Wirklichkeit (Natur des Gutes) und den gemachten Aussagen zum Produkt (Produkt-Image). Weil diese Unwahrheit den Käufern nicht (voll) bewußt ist, werden sie getäuscht. „Kann man, wie das gelegent-

---

[42] *Eike von Hippel:* Verbraucherschutz. Tübingen 1974, S. 57.
[43] Der Begriff Image (sprich: imidsch) ist schwer zu definieren. In der bezüglichen Literatur vorgetragene Deutungen kommen in keinem Fall ohne eine Reihe psychologischer Fachworte aus, die ihrerseits wieder erklärungsbedürftig sind. *Uwe Johannsen* (Das Marken- und Firmen-Image. Theorie, Methodik, Praxis. Berlin 1971, S. 35) definiert: „Das Image ist als eine nuancenreiche, dauerhafte und prägnante, aber kommunizier- und mit psychologischen Methoden durchaus ermittelbare Ganzheit aufzufassen. Eine Ganzheit richtiger, d. h. objektiver *und* subjektiver, also eventuell auch falscher, teilweise stark emotional getönter Vorstellungen, Ideen, Einstellungen, Gefühle, Erfahrungen und Kenntnisse einer Person bzw. einer Personengruppe von einem ‚Meinungsgegenstand' (z. B. einem Produkt, einer Marke, einer Firma)."
— *Putasne intelligis quae legis? (Act. 8, 30).*

lich versucht wird, eine solche Form der Werbung damit entschuldigen, der Käufer erhalte ja, was ihm versprochen wurde, nämlich das Gefühl, zur privilegierten Klasse der Weltreisenden zu gehören? Es mag für den denkenden Menschen leicht zu durchschauen sein, daß zwischen dieser Zigarette und dem Duft der großen weiten Welt kein innerer Zusammenhang besteht. Wer aber lebt rational und reflex genug, um sich dauernd derartigen Einflüssen entziehen zu können? Ist nicht der Erfolg dieser Art von Werbung davon abhängig, daß der beabsichtigte und gewollte Versuch gelingt, falsche Erwartungen auf Befriedigung von Bedürfnissen zu wecken, die das Produkt nicht zu erfüllen vermag[44]?"

4. Die Unwahrhaftigkeit als Nichtübereinstimmung von Tun und Überzeugung tritt in drei Grundformen auf; siehe auch Übersicht 15. Im ersten Fall behauptet man etwas Falsches, hält es aber für wahr. Wir nennen dieses Gebahren hier *sachliche Unwahrhaftigkeit*. Im zweiten Fall behauptet man etwas Wahres, hält es jedoch für falsch. Diese Art der Unwahrhaftigkeit sei *faktische* genannt. Im dritten Fall behauptet man Falsches und hält es auch für unrichtig. Bei solchem Sachverhalt wollen wir von *voller Unwahrhaftigkeit* sprechen[45]. Wer ist jedoch „man"? Sicher derjenige als Einzelperson oder diejenigen als Gruppe, welche Werbebotschaften formulieren, sie ausarbeiten und ihr Stil verleihen: also die Werbefachleute. Der sehr schwierigen Frage nach unwahrhaftem Verhalten der Auftraggeber und der Verbreiter unwahrer Werbebotschaften sei hier nicht weiter nachgegangen.

Übersicht 15

Die *Unwahrhaftigkeit* tritt auf als

1. Behauptung von Falschem, das man für wahr hält:
 sachliche Unwahrhaftigkeit

2. Behauptung von Wahrem, das man für falsch hält:
 faktische Unwahrhaftigkeit

3. Behauptung von Falschem, das man für falsch hält:
 volle Unwahrhaftigkeit

---

[44] *Walter Kerber:* Manipulierung des Menschen durch die Werbung?, S. 320.
[45] Die Gliederung lehnt sich an an *Hieronymus Noldin:* Summa Theologia Moralis, Nr. 636 b. Siehe auch *Otto F. Bollnow:* Wesen und Wandel der Tugenden. Frankfurt 1948, S. 136 wegen anderer Unterscheidungen. — Wahrhaftigkeit als Tugend gilt bei *Aristoteles* und *Thomas von Aquin* als eine „abgeleitete Tugend" der Gerechtigkeit; siehe *Victor Cathrein:* Philosophia Moralis. 21. Aufl., Freiburg 1959, Nr. 144.

(a) *Sachliche Unwahrhaftigkeit* gilt geradezu als Berufskrankheit der Werbefachleute. Das liegt vor allem in der „Verkehrssprache" der Werbung begründet. In ihr sind Eigenschaftswörter (Adjektiva) vorherrschend. Diese den Hauptwörtern „beigelegten" Ausdrücke dienen an sich der näheren Beschreibung einzelner Hauptwörter. In der Werbung finden wir sie aber durchweg mit einer Abwandlungsform ausgestattet, deren lateinischer Name „Superlativ" (höchste Steigerungsform) deutlich macht, wozu diese Form dient: der Superlativ bezeichnet das Ergebnis von Mehrfach-Vergleichen. Er setzt den betrachteten Gegenstand an die erste (oder an die letzte) Stelle einer gedachten Reihenfolge, deren übrigen Stufungen unbeschrieben bleiben. Eines wird also gegenüber allem anderen hervorgehoben. Weil die zweite Steigerungsform (Komparativ) das Ergebnis von Paarvergleichen anzeigt, wird sie in der Werbung (vor allem) aus rechtlichen Gründen vermieden[46]. Andererseits ist die Grundform (Positiv) eines Eigenschaftswortes zu wenig auffällig. So kommt es dann, daß der Werbefachmann vom „leuchtendsten" Weiß, vom „gesundensten" Brotaufstrich, vom „sichersten" Automobil, usw. spricht. Er selbst ist davon überzeugt, daß das Gut, für das er wirbt, genau so gut und ebenso schlecht ist, wie es die entsprechenden Produkte anderer Hersteller auch sind. Dieser seiner Überzeugung gibt er nun aber durch eine Sprechweise Ausdruck, die zu objektiv falscher Behauptung führt. Es ist vieles von dem, was der Offensivwerbung als Unwahrhaftigkeit vorgeworfen wird, aus der „Superlativsprache" der Werbung zu erklären.

(b) Der zweite Fall, die *faktische Unwahrhaftigkeit,* dürfte seltener sein. Den Werbespruch: „Dieser Lack ist das beste an ihrem Auto" mag der Werbeexperte subjektiv für falsch halten. Objektiv ist die Aussage jedoch richtig. Viele durchgerostete Automobile werden tatsächlich nur noch durch die Lackschicht zusammengehalten. Im übrigen aber ist diese Art der Unwahrhaftigkeit doch sehr der vollen Unwahrhaftigkeit ähnlich.

(c) Der Beweis *voller Unwahrhaftigkeit* ist empirisch schwer zu führen. Müßte doch dem einzelnen Experten eindeutig nachgewiesen werden, daß er selbst die von ihm abgefaßte Werbebotschaft für falsch hält. Daß Werbefachleute Falsches in Werbebotschaften ausdrücken, das sie auch für unwahr halten, ist jedoch durchaus begründet zu vermuten[47]. Hier wäre aber wieder genauer zu unterscheiden nach der Art

---

[46] Vergl. für den deutschen Rechtsraum hierzu *Adolf Baumbach:* Wettbewerbs- und Warenzeichenrecht. Bd. 1: Wettbewerbsrecht, Gesetz gegen den unlauteren Wettbewerb, Rabattgesetz, Zugabeverordnung und Nebengesetze. 11. Aufl., München 1974. Hier wird der „unlautere" Wettbewerb anhand der umfangreichen Rechtsprechung zu diesem Thema ausführlich beschrieben.
[47] *Unwahrheit* und *Unwahrhaftigkeit* einer Werbebotschaft führen *nicht* unbedingt auch zu ihrer *Unglaubwürdigkeit!* Daher ist der Einwand falsch,

der Unwahrheit; siehe Übersicht 14. Daß direkte Unwahrheit anders als in der vorhin gekennzeichneten Form der Übertreibung ausgesprochen wird, scheint so gut wie ausgeschlossen. Die indirekte Unwahrheit, das Verschweigen negativer Guteigenschaften also, ist generell und eindeutig nicht zu rügen; es begründet darum auch keine volle Unwahrhaftigkeit. Lediglich die versteckte Unwahrheit kann die Anklage voller Unwahrhaftigkeit einwandfrei begründen. Der Werbeexperte, welcher einer Zigarette das Image eines „Duftes der großen weiten Welt" zuschreibt, behauptet Falsches und weiß mit an Sicherheit grenzender Wahrscheinlichkeit auch von der Unwahrheit dieser Aussage.

5. Was den *Schuldvorwurf* anbelangt, so ist böse Absicht bei unwahrer und unwahrhafter Werbebotschaft für den Normalfall wohl auszuschließen. Sicher gibt es vereinzelt Werbefachleute, welche eine Täuschung als Selbstzweck genießen. In der Mehrheit der Fälle werden unwahre und unwahrhafte Aussagen jedoch gemacht, um Vorteile zu erreichen oder um Nachteile zu vermeiden. Der Werbefachmann möchte ein Höchstmaß an Werbeerfolg erzielen. Davon hängt es ab, ob er von dem Auftraggeber erneut mit Werbeaufträgen bedacht wird. Es soll hier nicht zwischen schwerem und leichtem Verschulden unterschieden und auch nicht verschiedene Grade des Verschuldens aufgestellt werden. Denn solche Einteilungen bleiben unfruchtbar, solange nicht das Schuldmaß zumindest einigermaßen genau festzustellen ist. Dieses jedoch im Einzelfall zu bemessen, dürfte zu den schwierigen Problemen der Ethik gehören, zumal man die Schuld des einzelnen nicht isoliert betrachten kann und zudem auch die Mit-Schuld der Auftraggeber und Verbreiter einbeziehen müßte. Unbillig scheint es jedenfalls, den ganzen Berufsstand der Werbeexperten zum Prügelknaben der Unwahrheit in der Werbung zu machen. So meint *Wolfgang Schmidbauer:* „Als reiner Fachidiot und Manipulationstechniker stellt sich der Werbespezialist jedem Anliegen zur Verfügung. Er entwirft Reklame für Zigaretten und solche gegen Zigaretten, er preist den Alkohol oder die Enthaltsamkeit, je nachdem, wer ihn anwirbt und bezahlt. Wie kaum ein Exemplar von Homo consumens prägt ihn, was er tut. Sein Streben im Beruf ist ‚sich selbst möglichst gut zu verkaufen', dafür zu sorgen, daß ‚sein Typ gefragt' ist. Verärgert darüber, daß ihn Produzenten und Konsumenten gleichermaßen verachten (so!), gewinnt er seine innere Befriedigung zurück, indem er den ersten das Geld aus der Tasche zieht und die zweiten manipuliert[48]." Richtig weisen demgegenüber führende

---

jeder Werbetreibende sage die Wahrheit, um nicht unglaubwürdig zu werden und damit die Ablehnung seiner Werbebotschaft zu riskieren. — Siehe hierzu auch *Karlfritz Koeppler u. a.:* Werbewirkungen definiert und gemessen. Velbert 1974, S. 115 ff., insbes. S. 119 f.

[48] *Wolfgang Schmidbauer:* Homo consumens, S. 77.

Ethiker darauf hin, wie der Schuldvorwurf unwahrer und unwahrhafter Handlungen (ebenso) aus dem erklärt werden müsse, was *Sören Kierkegaard* „die Unredlichkeit der modernen Zeit" genannt hat. Daß die lügenhafte Sprache auch auf anderen Gebieten als dem Sektor der Werbung mehr und mehr um sich greift, ist ein besonderes ethisches Problem und schließlich auch ein Betrachtungsgegenstand der Theologie[49].

6. Zusammenfassend läßt sich gegen die Offensivwerbung der Vorwurf der Unwahrheit erheben: ihre Aussagen stimmen in vielen Fällen nicht mit der Wirklichkeit überein. Es handelt sich dabei sowohl um direkte Unwahrheit als auch um indirekte, am meisten wohl aber um verdeckte Unwahrheit. Die Anschuldigung der Unwahrhaftigkeit ist insofern gerechtfertigt, als sachliche Unwahrhaftigkeit häufig, und volle Unwahrhaftigkeit in Bezug auf versteckte Unwahrheit gang und gäbe ist. Schließlich kommen unwahre und unwahrhafte Aussagen der Offensivwerbung offensichtlich durch (wenn auch dem einzelnen schwer zuzumessender) Schuld der Werbefachleute zustande. Damit ergibt sich der Vorwurf der Lüge im besonderen zu Recht. In jedem Fall kann man aber von der Unwahrheit der Offensivwerbung sprechen.

2. Manipulation

1. Der Vorwurf, die Offensivwerbung manipuliere, ist der Sache nach zumindest ebenso verbreitet wie die Anklage der Lüge. Allerdings taucht das Wort Manipulation erst seit etwa dem Jahr 1970 in diesem Zusammenhang häufiger auf[50]. Bis dahin umschrieb man den Sachverhalt vorwiegend durch Ausdrücke wie Suggestion, Außenlenkung oder ähnlich[51]. Leider ist der Begriff Manipulation vieldeutig. Wir wollen im folgenden unter *Manipulation* stets die planvoll überlegte, trickreiche Beeinflussung der Handlungen eines anderen verstehen[52].

---

[49] Siehe hierzu *Harald Weinrich*: Linguistik der Lüge. 5. Aufl., Heidelberg 1974 zum sprachlichen und *Wendelin Rauch*: Der widerchristliche Charakter der Lüge, in: Abhandlungen aus Ethik und Moraltheologie. Freiburg 1956, S. 368 zum theologischen Aspekt.

[50] Zum Auftauchen des Wortes Manipulation in den Wörterbüchern und Lexika um das Jahr 1970 siehe *Gerhart Wolff*: Zum Thema: Sprachmanipulation, in: Deutschunterricht, Bd. 26 (1974), Heft 2, S. 45 f.

[51] Siehe etwa *Emil Küng* (Wirtschaftspolitische Gegenwartsfragen. Zürich—St. Gallen 1962, S. 209), der von „Suggestion" und „Suggestionsreklame" spricht. In späterer Veröffentlichung (Wohlstand und Wohlfahrt. Von der Konsumgesellschaft zur Kulturgesellschaft. Tübingen 1972, S. 113) umschreibt *Küng* die Manipulation mit „Außenlenkung". — *Wolfgang Schmidbauer* (Homo consumens, S. 80) setzt Manipulation gleich „Gehirnwäsche".

[52] In Anlehnung an *Oswald A. Neuberger*: Techniken der Manipulation, in: Stimmen der Zeit, Bd. 185 (1970), S. 390 und *Ambrosius K. Ruf*: Werbung und Ethik, in: Die neue Ordnung, Bd. 28 (1974), S. 139 (mit Bezug auf die Definition von *Franz Furger* im Handbuch der Pastoraltheologie. Bd. 5, Freiburg

2. Weil hier lediglich eine Anschuldigung gegen die Werbung zu prüfen ist, gilt es den Manipulationsbegriff in Bezug auf die Offensivwerbung zu bestimmen. Aus ihrer Eigenart heraus kann Werbung allenfalls Manipulation durch Sprache oder (und) Bild sein; andere Mittel der Beeinflussung stehen ihr nicht zur Verfügung. Im Falle solcher Manipulation durch Wort oder Bild verwirklicht ein Sender (Werbetreibender) durch wohlberechnete Impulse (Werbebotschaft) seinen Vorteil gegenüber gefühlsmäßig ansprechbaren Empfängern (Werbeadressaten: Endverbraucher in privaten Haushalten). Um dieses Ziel zu erreichen, müssen *drei Voraussetzungen* erfüllt sein. Erstens der *Vorrang materieller*, nämlich auf das sinnliche Dasein (in erster Linie auf Genuß und Ansehen) gerichteter *Zielvorstellungen* in der Gesellschaft. Zweitens das *Bestehen eines Massenkommunikationsfeldes*. Drittens eine *Vorliebe* der Werbeadressaten *für gefühlsmäßige* (nicht-rationale) *Botschaften*. Erst jetzt vermag die Offensivwerbung durch den Einsatz ihrer „Verkehrssprache" mittels Wort, Bild und Ton manipulierend zu wirken. Die drei Voraussetzungen sowie die Tätigkeit zusammen seien *Bedingungen* der manipulierenden Offensivwerbung genannt; siehe Übersicht 16.

Übersicht 16

Bedingungen manipulierender Offensivwerbung

1. Vorrang materieller (in erster Linie auf Genuß und Ansehen gerichteter) Zielvorstellungen in der Gesellschaft

2. Bestehen eines Massenkommunikationsfeldes

3. Vorliebe der Werbeadressaten für nicht-rationale (gefühlsmäßige) Botschaften

4. Verwendung überlegener und überlegter zielgruppenbestimmter Zeichen (Wort, Bild, Ton) durch die Werbetreibenden

3. Besteht nun der Vorwurf, die Offensivwerbung manipuliere den Verbraucher, zu Recht? Hierüber sind die Meinungen in der Literatur geteilt. Autoren, die einen ähnlichen Begriff der Manipulation zugrunde legen, wie dies oben geschah, bezweifeln teilweise den Tatbestand der Manipulation[53]. Andere Kritiker der Offensivwerbung sehen in deren

---

1972, S. 320). Siehe auch *Gerhard Merk:* Mikroökonomik. Stuttgart 1976, S. 171 wegen anderer Definition.

B. Hauptsächliche Vorwürfe gegen die Offensivwerbung

Erscheinungsbild eindeutig den Vorwurf der Manipulation bestätigt[54]. Angesichts dessen scheint es geboten, die in Übersicht 16 aufgezählten Bedingungen manipulierender Offensivwerbung nacheinander sorgsam zu vergleichen.

(a) Daß im *Wertekanon* unserer heutigen Mitmenschen *materielle Güter* ganz obenan stehen, ist eine von niemanden bestrittene Tatsache. Mehr Konsum, mehr Freizeit, ein höheres Ansehen in der Gesellschaft: das sind die landläufigen Wünsche der überwiegenden Mehrheit[55]. Einen solchen „Mammonsdienst"[56] hat es nach Auskunft der Wirtschaftsgeschichte zwar schon immer gegeben. Im Gegensatz zu früheren Zeiten ist er heute aber *allgemein* in dem Sinne, als er erstens sämtliche Schichten der Bevölkerung umfaßt und zweitens deren Trachten und Handeln wenn nicht ausschließlich, so doch überwiegend bestimmt. Es soll hier dieser Vorrang materieller Werte nur festgestellt, nicht aber auch bewertet werden. Ein gesundes Streben nach materiellem Wohlstand ist von den Ethikern seit eh und je verteidigt worden; und *Corbière* weist zu Recht darauf hin, daß die Mönchsregeln noch nie die Maßstäbe für die Beurteilung der Güterwelt durch die Kirchen abgegeben haben[57], wie man sich überhaupt vor überspitzten Klagen hüten muß[58]. Wieder eine andere Frage ist es, ob und inwieweit die Offensivwerbung diese materialistische Haltung in der breiten Bevölkerung aufgebaut oder doch verstärkt habe. Hier ist *Ruf* nicht ohne weiteres zuzustimmen, wenn er meint: „Es ist leider so, daß einer, der einen besseren Wagen fährt, ein größeres gesellschaftliches Ansehen genießt. Man kann es bedauern, daß die Wertmaßstäbe im heutigen gesellschaftlichen Bewußtsein sich an solchen relativen Werten orientieren, aber man kann der Werbung nicht den Vorwurf machen, daß sie diese Tatsächlichkeiten für ihre Zwecke nutzt[59]." Hat denn nicht gerade die

---

[53] Zu nennen wäre hier vor allem *Walter Kerber* (Manipulierung des Menschen durch die Werbung?, S. 322) und *Ambrosius K. Ruf* (Werbung und Ethik, S. 140).

[54] So vor allem *Werner Kroeber-Riel* (Konsumentenverhalten. München 1975, S. 392 ff.).

[55] Siehe *Emil Küng*: Wohlstand und Wohlfahrt, S. 11 ff.

[56] *Alfred Winterstein*: Die christliche Lehre vom Erdengut nach den Evangelien und den apostolischen Schriften. Eine Grundlegung der christlichen Wirtschaftslehre. Mainz 1898, S. 39 f. Siehe auch *Heinrich Hansjakob*: Die Wunden unserer Zeit und ihre Heilung. Freiburg 1892, S. 32.

[57] *Prosper-Honoré Corbière*: Die Volkswirtschaftslehre vom Standpunkte des Christentums. Bd. 2, Regensburg 1867, S. 299.

[58] „Diejenigen, welche voller überspannten und ziellosen Ideen über die Moral, nur mit Bedauern sehen, daß man die Reichtümer zu vermehren sucht, sind Grillenfänger, welche sich in bodenlose oder verderbliche Theorien verirren" (*Joseph Droz*: Politische Ökonomie oder Grundsätze der Wissenschaft der Reichtümer. Berlin 1830, S. 2).

[59] *Ambrosius K. Ruf*: Werbung und Ethik, S. 140.

Offensivwerbung diese Werthierarchie zumindest verstärkt? Es soll dieser Frage gleich in anderem Zusammenhang nachgegangen werden.

(b) Unter *Massenkommunikation* versteht man die Verbreitung gleichlautender Botschaften an ein großes, weit verstreutes Publikum mittels der Techniken der Kollektivverbreitung[60]. Zu den letzteren zählen Presse, Rundfunk, Fernsehen, Filme, Bücher sowie käufliche Ton- und Bildträger[61]. Daß ein solches Kommunikationsfeld in unserer heutigen Gesellschaft vorhanden ist, braucht wohl nicht erst bewiesen zu werden. Es bildet den Betrachtungsgegenstand vor allem der Kommunikationssoziologie. Beurteilt wird es von den Soziologen und literarischen Medienkritikern hinsichtlich seines Zustandes überwiegend negativ. Massenkommunikation ist nach vorherrschender Meinung „repressiver Mediengebrauch". *Enzensberger* kennzeichnet solchen durch *sieben Merkmale*, nämlich zentral gesteuertes Programm; ein Sender und viele Empfänger; Immobilisierung (Unbeweglichkeitsformung) der einzelnen Personen; unkritische, hinnehmende Einstellung zur Güterwelt und zum Konsum; Vermeidung politischer Inhalte; Herstellung der Nachrichten durch darin geübte Fachleute sowie schließlich Kontrolle der Medien (Kommunikationskanäle) durch Eigentümer oder Bürokraten[62].

(c) Manipulierende Offensivwerbung setzt schließlich voraus, daß die Empfänger der Werbebotschaften unbefriedigte *emotionale Wünsche* offen oder verdeckt hegen. Sie sind deshalb für Botschaften empfänglich, die Teilnahme, Erregung, Begeisterung, Entzücken, Vergnügen, Heiterkeit, Rührung, Mitleid, Erschütterung, Feierlichkeit, Innigkeit, Zärtlichkeit und ähnliche Gefühlsbewegungen auslösen[63]. Auch hier sind sich die Kulturkritiker ausnahmslos darin einig, daß eine sogar überragende Neigung in der heutigen Industriegesellschaft besteht, nichtrationale Botschaften aufzunehmen. Einhelligkeit besteht ebenso darüber, daß diese Regung einem emotionalen Erlebnismangel zuzuschreiben sei. Wodurch dieser jedoch verursacht wird, bleibt bestritten. Einige sprechen von „gesellschaftlich bedingter Ichschwäche" (*Max Horkheimer*), andere von „sozio-ökonomischen Entfremdungsprozessen" (*Herbert Marcuse*), wieder andere von einer Folge wachsender Arbeits-

---

[60] Nach *Alphons Silbermann und Udo M. Krüger:* Soziologie der Massenkommunikation. Stuttgart 1973, S. 24 (Urban-Taschenbücher 166).
[61] Siehe *Hans K. Platte:* Soziologie und Massenkommunikationsmittel. Analysen und Berichte. München—Basel 1965 wegen der näheren Kennzeichnung der einzelnen Kanäle der Kollektivverbreitung.
[62] *Hans M. Enzensberger:* Baukasten zu einer Theorie der Medien, in: Kursbuch 20, Berlin 1970, S. 173.
[63] Siehe über die Entscheidung der Automobilwerbung zugunsten gefühlsmäßiger, nichtrationaler Argumentation anstatt technischer, rationaler Werbeinhalte bei *Willi Bongard:* Fetische des Konsums. Portraits klassischer Markenartikel. Hamburg 1964, S. 98 f.

teilung, verbunden mit dem Verlust des religiösen Glaubens[64]. Ganz allgemein könnte man einen Verlust an persönlicher Kommunikation in der Kleingruppe als Ursache ansprechen. — Indessen gehören aber auch körperliche Schönheit und Jugendlichkeit zu den erststelligen Wunschvorstellungen des Publikums. Auf das besondere Eingehen der Werbung auf diese Empfänglichkeit wurde oft genug hingewiesen[65]. — Vergleichsweise weniger bedeutsam scheint jedoch die Rolle triebhafter, vor allem *sexueller Wunschbefriedigung* in der heutigen Massenkommunikation zu sein. Zwar sind viele Werbebotschaften „mit Sex gepfeffert" (wie es in der Fachsprache der Werbung heißt); es kann jedoch von einer „massiven Sex-Werbung" (noch) nicht die Rede sein[66]. Verhängnisvoll wirkt sich hier allenfalls das Durcheinander aus, welches dadurch entsteht, daß die Werbung „dem ‚Sexus' einen Vorrang vor der Liebe einräumt, so wie die Wochenendblätter die Liebe in Gefühlsduselei umfälschen... Die Depersonalisation der Geschlechterbeziehung trägt immer dazu bei, daß der Hunger nach Liebe ungestillt bleibt. Durch Bilder von Damen im ‚Bikini' wird nicht einmal das trivialste geschlechtliche Verlangen saturiert[67]." Auch *Schmidbauer* scheint vieles richtig zu sehen, wenn er über den werbemanipulierten Mann schreibt: „Zunächst einmal bemüht man sich, ihn durch ständige Konfrontation mit nackten und wohlgeschmückten Sekundenschönheiten... auf ein Frauenbild zu fixieren, das dem Umsatz der Kosmetikbranche besonders nützlich ist. Da solche Indoktrination nur sehr ungenügend gelingt, ... hält man ihn an, sein in der Berufswelt eingeübtes Leistungsdenken auch auf die Sexualität zu übertragen. Wie im vollautomatisierten Haushalt das Glück der Bewohner darin liegt, daß sie mit ihrem Gerät getreu der Gebrauchsanweisung umzugehen wissen, so wird sexuelles Glück als Sache der perfekten sexuellen Technik hingestellt. ... Ständig durch sexuelle Reize angeregt, entwickelt sich das Männchen von Homo consumens zum eifrigen Käufer potenzstärkender Mittelchen, ..., potenzweckender Literatur und aller der tausend Überflüssigkeiten, die durch eine dichtere oder losere Assoziationsbindung an Sex verkauft werden — Wodka und Zigaretten, Rasierwasser und

---

[64] Siehe *Gerhard Merk:* Die Dringlichkeit wirtschaftskundlicher Bildung. Um die Gesundung des homo functionalis. Essen 1965, S. 8 ff. und S. 17 ff.

[65] Vergl. *Horst W. Opaschowski:* Der Jugendkult in der Bundesrepublik. Düsseldorf 1971, insbes. S. 35 ff. sowie *Erich Wasem:* Presse, Rundfunk, Fernsehen, Reklame pädagogisch gesehen, S. 91 ff. und S. 206 ff. über jene den Kindern und Jugendlichen zugedachte Aufgabe, in der Werbung als „Schlepper" für Erwachsene zu dienen.

[66] Anderer Meinung ist hier *Walter Kerber:* Manipulierung des Menschen durch die Werbung?, S. 325 f.

[67] *Erich Wasem:* Presse, Rundfunk, Fernsehen, Reklame pädagogisch gesehen, S. 44. *Haec sententia aliquam dubitationem habet, ut res ipsa cotidie docet; nonne?*

offene Sportwagen, lederbezogene Klubgarnituren und Betten mit automatischer Matratzenverstellung[68]."

(d) Wie die Durchsicht der drei notwendigen Bedingungen zu manipulierender Offensivwerbung (siehe Übersicht 16) gezeigt hat, sind sämtliche Voraussetzungen in unserer heutigen Welt tatsächlich gegeben. Gleichwohl kann aber erst dann der Manipulationsvorwurf gerechtfertigt werden, wenn auch die hinreichende Bedingung erfüllt ist[69]. Verwendet die Offensivwerbung tatsächlich zielgruppenbestimmte Zeichen (Sprachen, Bilder, Töne)? Werden diese auch überlegt und überlegen eingesetzt? Es sei dies, mit dem Schwergewicht auf der Sprache als Kommunikationsmittel der Werbung, im folgenden genauer untersucht. Eine Prüfung offensivwerblicher Bildfolgen und Tonzeichen eröffnet kaum andersgeartete Einsichten.

(da) Zielgruppenbestimmt meint, daß die Werbefachleute zur Durchsetzung ihrer Interessen sich einer Sprache bedienen, welche auf die Vorliebe der Adressaten für nicht-rationale Botschaften angepaßt ist. Daß die Werbeexperten die Sprache (gleiches gilt für Bilder und Tonzeichen) zur Durchsetzung ihrer Ziele handhaben, ist jedermann aus eigener Anschauung bekannt. Ein solcher „interessenszentrierter" Sprachgebrauch ist jedoch für sich allein noch nicht zu rügen. Auch viele andere verwenden eine solche Sprache: etwa der Politiker, der Priester oder der Lehrer. Bedenklich nahe an die Manipulation kommt es jedoch heran, wenn die Sprache dazu noch eindeutig nicht-rationale, im Konsumenten-Publikum verbreitete Wunschträume und Sehnsüchte anpeilt. Dieser Vorwurf läßt sich gegen die Offensivwerbung in fünffacher Hinsicht erheben (wobei weitere und auch andere Einteilungen als jene in Übersicht 17 vorgenommenen Unterscheidungen möglich wären).

(daa) Erstens benutzt die Offensivwerbung ständig und mit Bedacht Zeichen, die man als *verkettete Symbole* (aggregierte Symbole) bezeichnen kann. Unter Symbol versteht man allgemein eine wahrnehmbare Einheit (Ding, Laut, Geste, Farbe, Muster, usw.), der im Rahmen einer Gesellschaft gleich aufgefaßter Sinn zugeschrieben wird. Solche Symbole sind etwa das Kreuz, der Handschlag, der „Kraftfahrergruß" (mehrmaliges Tippen mit den Fingern an die Stirn) oder die rote Fahne.

---

[68] *Wolfgang Schmidbauer:* Homo consumens, S. 39 f.
[69] Eine *notwendige Bedingung* für ein Ereignis X ist eine solche, die zwar erfüllt sein muß, daß X eintritt. Sie vermag aber für sich allein den Eintritt von X noch nicht bewirken. — Eine *hinreichende Bedingung* ist eine solche, deren Bestehen genügt, daß X eintritt. Jedoch kann aus ihrem Vorhandensein allein noch nicht der Eintritt von X gefolgert werden. — Für den Eintritt von X müssen *beide*, also die notwendige Bedingung (die Punkte 1, 2 und 3 in Übersicht 16) *und* die hinreichende Bedingung (Punkt 4 in Übersicht 16) erfüllt sein.

Übersicht 17

Formen sprachlicher Beeinflussung durch die Offensivwerbung
1. *Verkettete Symbole* (aggregierte Symbole):   genormte, zeichenhafte Ausdrücke mit dem Charakter gedanklicher Stereotypen
2. *Schlagwörter:*   sprachliche Ausdrücke mit vagem Begriffsinhalt, die sich bei häufigem Gebrauch leicht einprägen und denen ein Reizwert zukommt, der sie positiv oder negativ auflädt
3. *Schlüsselzeichen:*   Ausdrücke für Gruppen, Ideale und Probleme, welche, in einen Zusammenhang mit anderen Zeichen gebracht, positiv oder negativ wertend wirken
4. *Sprachtaktiken:*   a) Wertverteilungstaktik (Schwarz-Weiß-Malerei)   b) Vereinnahmungstaktik (Zustimmungsverleitung)   c) Vereinigungstaktik (Gemeinwohlappell)   d) Gelehrsamkeitstaktik (Fachleutebezug)
5. *Ideologeme:*   Sätze, die eigensüchtige Interessen als Inhalte des Gemeingutes einer Gesellschaft (siehe Übersicht 9) hinstellen
6. *Juridizismen:*   Sätze, die Sonderinteressen in die Form (verfassungs)rechtlicher Verpflichtungen kleiden

Bei verketteten Symbolen handelt es sich näherhin um Symbole mit großer Allgemeinheit; ihre Wurzeln in der Wirklichkeit sind aber nur schwer zu entdecken. Meist sind es gedankliche Stereotypen, die „Unterprogrammen" unseres Denkens entsprechen[70]. Sie genießen beim Publikum eine gefährliche, weil meist beziehungslose oder diffus bezogene Achtung und Macht. Zu solchen verketteten Symbolen kann man zum Beispiel die von der Offensivwerbung regelmäßig benutzen Hauptwörter Natur, Reinheit oder Freizeit rechnen. Im Falle der visuellen Werbung wäre hier das Meer, die kuhbeweidete Alm und der Arzt als Bei-

---

[70] Siehe *Georg Klaus:* Sprache und Politik. Berlin 1971, S. 57 f. sowie allgemein zur „Symbolmanipulation" der Werbung *Wilhelm Dreier:* Funktion und Ethos der Kosumwerbung. Münster 1965, S. 104 f.

spiele zu nennen. Verkettete Symbole dienen dabei gleichsam als Verpackung der eigentlichen Werbebotschaft: sie sollen gewünschte Reize zu den Werbeadressaten transportieren. „Durch wiederholte Darbietung eines völlig neutralen Markennamens zusammen mit angenehmen Reizen (wie Landschaftsbildern, erotischen Appellen usw.) ist es auf die Dauer möglich, eine positive Haltung zu dem vorher neutralen Markennamen zu erzeugen. Zugleich verwandelt sich auf diesem Wege eine desinteressierte Haltung gegenüber einem bestimmten Produkt in eine positive Einstellung. Bemerkenswert an diesem Vorgehen ist, daß es keiner einzigen sachlichen Information über das Produkt bedarf, um eine Hinwendung zu diesem Produkt zu erreichen[71]."

(dab) Zweitens wimmelt es in der Offensivwerbung von *Schlagwörtern*. Bei diesen handelt es sich um Sprachzeichen mit ungenauem Inhalt, der sie deswegen unterschiedlicher Ausdeutung zugänglich macht. Dazu sind sie mit einem positiven oder negativen Reizwert geladen. Endlich haben sie die Eigenschaft, sich bei häufiger Wiederholung fest einzuprägen[72]. Zu diesen Schlagwörtern zählen Lieblingsvokabeln der Offensivwerbung wie beispielsweise Ansehen, Aussehen, Freiheit, Frische, Jugend, Kraft, Leistung, Liebe, Sauberkeit, Schutz, Welt und Zärtlichkeit (um nach der Reihenfolge des Alphabets ein Dutzend zu nennen).

(dac) Drittens sind offensive Werbebotschaften stets mit *Schlüsselzeichen* durchsetzt. Gemeint sind hier die häufigsten Bezeichnungen für Gruppen, Ideale und Probleme, die in geeignetem Zusammenhang positiv oder negativ wirken[73]. Als Elemente einer Meinungssprache vermögen Schlüsselwörter Tatbestände subjektiv zu färben. Beispiele hierfür sind Benennungen wie Außenseiter, Entlastung, Erholung, Ernährung, Felswasser, Freude, Generation, Heimat, Krankheit, Schutz, Streß und Verschmutzung, um auch hier ein Dutzend aufzuzählen. Schlüsselwörter vermögen Aufmerksamkeit und Interesse an der Werbebotschaft zu erwecken im Sinne der AIDA-Regel[74].

(dad) Viertens ist die Sprache der Offensivwerbung auf der Ebene des Textes angereichert mit *Taktiken*, die eine kritische Prüfung durch die Werbeadressaten unterbinden sollen. Man kann solche Taktiken in *vier Arten* einteilen[75], nämlich erstens Schwarzweißmalerei („Diese

---

[71] *Werner Kroeber-Riel:* Konsumentenverhalten, S. 395.

[72] Siehe *Hans Werner Zimmermann:* Elemente zeitgenössischer Rhetorik, in: Deutschunterricht, Bd. 23 (1971), Heft 4, S. 162.

[73] Siehe *Hans Dieter Zimmermann:* Die politische Rede. Der Sprachgebrauch Bonner Politiker. 2. Aufl., Stuttgart 1974, S. 63.

[74] A = *attention* (Aufmerksamkeit), I = *interest* (Interesse), D = *desire* (Kaufwunsch), A = *action* (Kauf). — Siehe zur Aufmerksamkeitsweckung auch *Werner Kroeber-Riel:* Konsumentenverhalten, S. 59 ff.

Wäsche ist mit X gewaschen — jene mit einem anderen Waschmittel"), zweitens Verleitung zur Zustimmung („Wir alle wissen, daß..."), drittens Appell an Gemeinsamkeiten, sei es das Gemeingut als Ziel, sei es an das Gemeinwohl als organisatorische Form („Unsere Schulkinder brauchen das Beste!", „Groß und klein, Stadt und Land müssen zusammenwirken, um...") und viertens Bezug auf Experten („Ihr Zahnarzt sagt Ihnen:..."). Solche Sprachtaktiken (siehe Übersicht 17) werden von der Offensivwerbung zur Scheinargumentation benutzt: sie täuschen Informationsvermittlung oder Wissensbezug vor, enthalten aber in Wirklichkeit keinen Deut an sachlicher Information, wie sie auch statt auf das Wissen der Adressaten auf deren Nichtwissen ausgerichtet sind.

(dae) Fünftens paßt sich die Sprache der Offensivwerbung nichtrationaler Empfänglichkeit beim Publikum auf der Ebene des Satzes an durch die Verwendung von Ideologemen und Juridizismen[76]. *Ideologeme* sind Sätze, die Gruppeneigennutz als Bestandteil des Gemeingutes (siehe Übersicht 9) hinstellen („Weniger Streß in unseren Schulen! Geben auch Sie Ihrem Schulkind täglich XYZ!"). *Juridizismen* sind in die Rechtssprache gekleidete Sätze. Sie geben Sonderinteressen als Erfüllungsauftrag (verfassungs)rechtlicher Art aus („Die Schadstoffbelastung der Gewässer muß verringert werden. Daher ist XYZ das einzige Mittel Ihrer Wahl").

(db) Daß die zielgruppenbestimmte, interessenzentrierte Sprache der Offensivwerbung *überlegt* und *überlegen* eingesetzt wird, bedarf wohl keines ausführlichen Beweises. Texter gehören zu den bestbezahltesten Kräften der Werbewirtschaft. Sie besitzen die Fähigkeit und Fertigkeit, werbliche Botschaften auf die jeweilige Zielgruppe hin sprachlich so zu formulieren, daß die nichtrationalen Neigungen der Werbeadressaten unmittelbar in Schwingung gebracht werden. Die gleiche Eigenschaft zeichnet den für die bildliche Gestaltung verantwortlichen Werbespezialisten aus, und ebenso ist auch der für akustische Impulse Zuständige ein Meister seines Faches. Aus dieser Herrschaft *über* die Sprache wird Herrschaft *durch* die Sprache; aus „sprachlicher Persuasion"[77] erwächst die *Sprachherrschaft* von Menschen über Menschen[78].

---

[75] In Anlehnung an *Siegfried J. Schmidt:* Sprache und Politik. Zum Postulat rationalen Handelns, in: *Annemarie Rucktäschel* (Hrsg.): Sprache und Gesellschaft. München 1972, S. 89 (UTB 131).

[76] Siehe *Jürgen Frese:* Politisches Sprechen. Thesen über einige Rahmenbedingungen, in: Sprache und Gesellschaft, S. 108.

[77] Vergl. hierzu *Uta Quasthoff:* Soziales Vorurteil und Kommunikation. Eine sprachwissenschaftliche Analyse des Stereotyps. Frankfurt 1973, S. 87 sowie *Bernhard Badura:* Sprachbarrieren. Zur Soziologie der Kommunikation. Stuttgart—Bad Cannstatt 1973, S. 49 ff.

[78] Siehe *Rolf Eigenwald:* Überredungstechniken. Zum Sprachgebrauch in politischen, journalistischen und ökonomischen Texten, in: Projekt Deutsch-

Manche Autoren sprechen deshalb allein schon hier von *Sprachmanipulation* und meinen des näheren drei Umstände. Erstens die begehrende Kraft des Sprechenden, Sprache überlegen und ausschlaggebend im Kommunikationsfeld einzusetzen, verbunden mit der Fähigkeit, sie

Übersicht 18

Kennzeichen sprachlicher Herrschaft ("Sprachmanipulation")
1. Wille und Fähigkeit, die Sprache durchdacht, planvoll, gekonnt, überlegen, gezielt sowie berechnet einzusetzen
2. Unvermögen der Hörer, sich gegen Willen und Fähigkeiten des Sprechenden zu wehren
3. Einsatz technischer Mittel, um gewünschte Inhalte wirkungsvoll und störungsfrei transportieren zu können

auch gezielt anwenden zu können. Zweitens das Unvermögen der Hörer, sich gegen Willen und Fähigkeiten eines Sprechers zu wehren. Drittens der bedenkenlose Einsatz technischer Mittel und Möglichkeiten, um gewünschte Sprachbotschaften wirkungsvoll und störungsfrei übermitteln zu können[79]. Entsprechendes ließe sich auch von bildlicher Kommunikation sagen. Die Kriterien einer Bildermanipulation lassen sich ähnlich der in Übersicht 18 aufgestellten Kennzeichen finden.

4. Manipulation wurde als die planvoll vorbedachte, trickreiche Beeinflussung der Handlungen anderer definiert; die Kennzeichen manipulativer Offensivwerbung erschienen in Übersicht 16 zusammengestellt. Die Prüfung dieser Kriterien mit der Wirklichkeit zeigt augenfällig, daß der *Vorwurf der Manipulierung berechtigt* ist. Es ist nicht daran zu zweifeln: „Man will manipulieren, aber nicht in den Ruf des Manipulators kommen[80]."

5. Nun werden *gegen diese Folgerung* immer wieder *drei Argumente* vorgetragen. Erstens behauptet man, die Offensivwerbung sei in ihrer *Zielsetzung offen*. Für jedermann sofort erkennbar sei, daß sie zum Kauf drängen und „verführen" wolle; „der Werbende ist also kein ‚geheimer Verführer', sondern seine Absicht ist von vornherein deutlich zu erken-

---
unterricht. Bd. 2: Sozialisation und Manipulation durch Sprache. 2. Nachdruck, Stuttgart 1973, S. 101.

[79] Siehe hierzu *Gerhart Wolff*: Zum Thema: Sprachmanipulation, S. 48.

[80] *Werner Kroeber-Riel:* Konsumentenverhalten, S. 353.

nen: Er möchte ein Produkt verkaufen, und der potentielle Käufer kann sich auf diese Absicht einstellen[81]." Zweitens weist man auf die *Entscheidungsfreiheit* des Menschen hin, auf seine „Konsumentensouveränität". Drittens wird daran erinnert, daß Manipulation mit jeder Art der Kommunikation verbunden sein könne, und man überdies auch *Grade allfälliger Manipulation* unterscheiden müsse[82].

Übersicht 19

Einreden gegen den Vorwurf einer Manipulierung des Konsumenten seitens der Offensivwerbung

1. Zielsetzung der Werbung ist offen

2. Individueller Entscheidungsakt bleibt letztlich bestimmend (Konsumentensouveränität)

3. Grade der Manipulierung sind zu unterscheiden

(a) Die erste Einrede ist leicht zu entkräften. Sicher ist die *Werbung offen* in ihrer Zielsetzung. Jedoch schließt Manipulation ja keineswegs diese Offenheit aus. Manipulation ist eine „einseitige, eigennützige Ausbeutung durch Anwendung nur scheinbar fairer, in Wirklichkeit aber täuschender und verführender Techniken der Handlungsbeeinflussung[83]." Sie geschieht im Feld der Massen-Kommunikation, welchem das Empfänger-Publikum unterlegen und ohne die Möglichkeit einer gleichrangigen Rückkopplung ausgesetzt ist.

(b) Der zweite Einwand führt in philosophische Grundsatzfragen. Die Konsumentensouveränität ist eine Seite menschlicher Willensfreiheit[84]. Zunächst sei das *Wollen* definiert als ein klar bewußtes *Begehren* (und dieses als Streben, ein Vorgestelltes zu erreichen). Wollen mündet — aufgrund einer Abschätzung mit der Überzeugung der Erreichbarkeit

---

[81] *Walter Kerber:* Manipulierung des Menschen durch die Werbung?, S. 317.
[82] Siehe ausführlicher *Nieschlag - Dichtl - Hörschgen:* Marketing, S. 46 ff., insbes. S. 54.
[83] *Wolfram K. Köck:* Manipulation durch Trivialisierung, in: Sprache und Gesellschaft, S. 279 f. — *Apparet hanc definitionem inanibus vocibus fundatam atque in verborum captione constitutam esse: definitio ipsa igitur „manipulationis" speciem habere!*
[84] Siehe vertiefend zur marktordnenden Funktion der Konsumentensouveränität *Thilo Sarrazin:* Nachfrage und Investitionslenkung, in: *Thilo Sarrazin* (Hrsg.): Investitionslenkung. Bonn—Bad Godesberg 1976, S. 211 ff.

des Zieles — stets in eine durch Wertmaßstäbe bedingte Entscheidung (Wahl, Entschluß). Die Fähigkeit der Person zum Wollen heißt *Wille*. *Willensfreiheit* meint nun das Vermögen des Willens, sich selbst von innen heraus zum Handeln zu bestimmen, und zwar in der Weise, daß er zwischen Wollen und Nichtwollen sowie zwischen verschiedenen Gegenständen des Wollens wählen kann. Freiheit bedeutet hier also zweierlei. Erstens die Herrschaft des Willens als begehrender Kraft über sich selbst und seine Akte; man nennt sie *Handlungsfreiheit (libertas exercitii)*. Eine solche Freiheit setzen wir aus dem Personenprinzip voraus; siehe Übersicht 12[85]. Zweitens heißt Willensfreiheit aber

Übersicht 20

Wichtige Begriffe in der Diskussion um die Konsumentensouveränität

1. *Begehren:*
   das Streben, ein Vorgestelltes (Zielvorstellung) zu erreichen

2. *Wollen:*
   klares und bewußtes Begehren. Es führt zunächst zu einem Anpeilen des Zieles, sodann zu einem Abschätzen seiner Erreichbarkeit und am Ende zum Entschluß, das Ziel (nicht) anzugehen

3. *Wille:*
   Fähigkeit des einzelnen zum Wollen

4. *Willensfreiheit:*
   Vermögen des Willens, sich selbst von innen heraus zum Handeln zu bestimmen, und zwar als

   a) Wahl zwischen Wollen und Nichtwollen
      (Handlungsfreiheit)

   b) Wählenkönnen zwischen verschiedenartigen Zielen
      (Wahlfreiheit)

5. *Konsumentensouveränität:*
   zwanglose Wahlfreiheit des Verbrauchers in Bezug auf alternative Güterbeschaffung am Markt

6. *Zwanglosigkeit:*
   persönliche Wahlhandlung unter Ausschluß von

   a) nicht denkend kontrollierter Einwirkungen (zwischen Reiz und Reaktion fände kein gedanklicher Prozeß statt)

   b) nicht vom Bewußtsein akzeptierter Einwirkung (Reize würden ins Unbewußte oder Unterbewußte zielen) das Wählenkönnen zwischen verschiedenartigen erkannten Zielen; es handelt sich um die *Wahlfreiheit (libertas specificationis)*.

(ba) Es wird hier *nicht* behauptet, daß die Offensivwerbung die Handlungsfreiheit des Menschen einschränke. Hingegen kann nicht bezweifelt werden, daß sie die Wahlfreiheit des einzelnen beim Kauf beeinträchtigt: seine Konsumentensouveränität. *Konsumentensouveränität* heißt die Möglichkeit des einzelnen, auf dem Gütermarkt seine persönlichen Entscheidungen treffen zu können, und zwar in völliger Freiheit, ohne irgendwelchen Zwang. *Ohne Zwang* meint, unter Ausschaltung sämtlicher nicht denkend kontrollierter oder (und) nicht mit Bewußtsein aufgenommener Einwirkungen. *Denkend kontrolliert* nennen wir einen Vorgang, bei dem Reize zu Vorstellungen umgewandelt und in Beziehung gesetzt werden, deren Ergebnis eine Reaktion ist[86]. Zwischen Reiz und Reaktion stellt sich also ein gedanklicher Prozeß ein; es ereignet sich Denken. Bewiesen wurde jedoch, daß die Offensivwerbung durch Wort, Bild und Ton gerade darauf abzielt, dieses denkende Kontrollieren auszuschalten. Damit wird die Konsumentensouveränität eingeschränkt und der Manipulationsvorwurf bestätigt.

(bb) Die Konsumentensouveränität wird auch eingeschränkt, wenn Zwang im Sinne *nicht vom Bewußtsein* des Werbeadressaten aufgenommener Einwirkungen vorliegt. Auf den Nachweis derartiger Wirksamkeit der Offensivwerbung können wir verzichten (sie mündet in psychologische Kontroversfragen)[87]. Denn mit dem Beleg einer Schmälerung der Konsumentensouveränität durch nicht denkend kontrollierte Einwirkungen erübrigen sich solche Ausführungen.

(c) Daß mit Kommunikation sehr häufig gleichzeitig auch Manipulation einhergehe, ist nicht ohne weiteres belegbar. Allein, auch diese Frage ist für den hier zur Rede stehenden Sachverhalt unwichtig. Denn selbst wenn bewiesen wäre, daß Manipulation eine häufige Begleiterscheinung kommunikativer Prozesse sei, so könnte daraus überhaupt keine Rechtfertigung manipulierender Offensivwerbung hergeleitet werden. — Ernstzunehmen ist hingegen der Hinweis auf *Grade der Manipulation*. Als Maßstab für den Manipulationsgrad ließe sich nach dem eben Gesagten das Ausmaß allfälliger Beschneidung der Wahlfrei-

---

[85] Siehe die ausführlich begründende Darlegung bei *Joseph Mausbach*: Katholische Moraltheologie. Bd. 1: Die allgemeine Moral. 8. Aufl., Münster 1941, S. 221 ff.

[86] Siehe hierzu *Donald O. Hebb*: Einführung in die moderne Psychologie. 7. Aufl., Weinheim—Berlin 1973, S. 103 ff. *Hebb* spricht von „willentlich kontrollierter" Einwirkung. Die Verwendung des Adjektives „willentlich" scheint aber zumindest irreführend, wenn nicht gar (nach dem Maßstab der in der deutschsprachigen Psychologie herrschenden Fachsprache) falsch.

[87] Vergl. zu diesem Punkt die Ausführungen bei *Nieschlag - Dichtl - Hörschgen*: Marketing, S. 46 ff.

heit heranziehen[88]. Leider ist jedoch ein solcher Maßstab, ausgestattet mit bestimmbaren, empirisch überprüfbaren Werten, nicht vorhanden. In dieser Lücke liegt ein sehr großer Nachteil bei der ganzen Diskussion um die manipulierende Offensivwerbung. Denn wegen dieses Mangels läßt sich das tatsächliche Ausmaß der Einengung der Wahlfreiheit weder in Bezug auf einzelne Gruppen (nach Alter, Bildungsgrad, Einkommenshöhe, usw. unterteilt) noch hinsichtlich einzelner Güterarten exakt bestimmen. Gerade das letztere wäre ein vordringliches Anliegen. Denn es ist zu vermuten, daß die Offensivwerbung die Konsumentensouveränität nicht bei allen Gütern gleich einschränken kann. Vermöchte man dies empirisch zweifelsfrei nachzuweisen, dann ließe sich ein häufig vorgebrachter, jedoch logisch falscher Einwand widerlegen. Er besagt, Werbung könne gar nicht manipulieren, wie das Beispiel des ständigen Drucks der Tabakwerbung und der rauchenden Umwelt ausgesetzten Nichtrauchers beweise[89]. Obzwar eine Person durch die Offensivwerbung der Zigarettenindustrie nicht berührt werden mag, so ist es doch sehr leicht möglich, daß dieselbe Person durch die Offensivwerbung für andere Produkte stark (sogar noch stärker?) beeinflußt wird. Solange aber ein einigermaßen annehmbarer Maßstab zur Bestimmung von Graden der Souveränitätsbeschränkung nicht existiert, muß man wohl — einem alten juristischen Grundsatz folgend — zugunsten der Offensivwerbung annehmen, daß sie die Wahlfreiheit der Konsumenten generell nur mäßig einschränkt, also graduell im gesamten gering manipuliert.

6. Nach diesen Überlegungen, welche den Manipulationsvorwurf als im Grunde berechtigt nachweisen, bedarf es noch kurz einer *ethischen Beurteilung* der Manipulation. Sie schafft für den Manipulierenden im wirtschaftlichen Tauschverkehr Vorteile. Daher ist Manipulation durch die Offensivwerbung mit dem Prinzip der ausgleichenden Gerechtigkeit (siehe Übersicht 10) unvereinbar. Ferner verstößt sie im Grundsatz eindeutig gegen das Personprinzip (siehe Übersicht 12), weil die Willensfreiheit des einzelnen beeinträchtigt wird. — Nun darf man allerdings die Gefährdung menschlicher Freiheit durch die Offensivwerbung auch nicht zu sehr aufbauschen, und dabei in der (noch stärker als die Offensivwerbung verstümmelnden) Sprache der Neulinken von „Direktiven manipulativer Angst- und Vorurteilslenkung im Dressurakt der Sozialisation in der Warengesellschaft" und einer „manipulativen Innensteuerung des auf Angst- und Vorurteilsreize konditionierten Indi-

---

[88] Ähnlich auch *Werner Kroeber-Riel:* Konsumentenverhalten, S. 393.
[89] So *Gerhard Merk:* Programmierte Einführung in die Volkswirtschaftslehre. Bd. 2: Haushalte, Unternehmen und Markt. Wiesbaden 1974, S. 268 (Frage 21). Siehe zur Rechtfertigung solcher Urteile *Gerhard Merk:* Programmierte Einführung in die Volkswirtschaftslehre. Bd. 1: Grundlagen. Wiesbaden 1973, S. 42 (Frage 14).

viduums" sprechen[90]. Hierin offenbart sich ein bezeichnendes Spaltungsirresein. Überdies schadet solche in der Sache maßlose und im Stil von einem Verlust sprachlicher Wirklichkeit zeugende Kritik nur einer klaren Einsicht in diesen Problemkreis. Auch scheint der von den neulinken Werbekritikern benutzte Freiheitsbegriff überspitzt: Freiheit wird in vielen Fällen offenbar als Freiheit im Sinne des Solipsismus verstanden. „Es ist zu einem modischen Gemeinplatz geworden, daß jeder Zwang abzulehnen sei, da er die Freiheit des Menschen behindere. Unter diesem Motto werden dann alle Kräfte, die dem Menschen Bindungen aufgeben wollen — Autoritätsstrukturen, vorgegebene Sozialbindungen und dgl. — als ‚menschenunwürdig' bekämpft. Man kann nicht aufhören, immer wieder darauf hinzuweisen, daß solchen Tendenzen ein Freiheitsbegriff zugrunde liegt, der zumindest nicht mit dem zu vereinbaren ist, den die christliche Ethik seit jeher vertreten hat. *Zwang ist nicht ein Gegenbegriff zur Freiheit; Zwänge sind das Bewährungsfeld der Freiheit*[91]." — Als Folge der offensivwerblichen Sprachmanipulation ist schließlich noch deren „systembildender Effekt" zu nennen: „denn die geglückte Manipulation stärkt vorhandene Machtstrukturen der Gesellschaft, sie bestätigt die Funktion der Sprache als Herrschaftsmittel, sie fördert die Emotionalisierung und damit die weitere Lenkbarkeit der Massen. Die Ergebnisse des Einzelvorgangs sind schließlich wiederum Voraussetzungen zur Manipulation; sie fordern die ständige, mechanische Iteration, inthronisieren einen strukturellen Zwang für Sender wie auch Empfänger[92]."

II. Sozialethische Einwände

Aus der Vielzahl vorwiegend sozialethischer Vorwürfe gegen die Offensivwerbung (siehe Übersicht 6) seien zwei der am häufigsten vorgetragenen Klagen herausgegriffen. Es ist dies einmal die Vorhaltung, daß die Offensivwerbung Sprache und Denken der Gesellschaft verderbe, zum andern der Tadel, daß Offensivwerbung in unzulässiger Weise die Zielvorstellungen (Leitbilder) einer Gesellschaft bestimme. Andere sozialethische Zeihungen der Offensivwerbung lassen sich in der Regel ganz oder doch gutteilig einer dieser beiden Anschuldigungen zuordnen. Mit der Erörterung dieser Anwürfe gegen die Offensivwerbung wird damit ein Großteil der entsprechenden Probleme behandelt[93].

---

[90] *Karlpeter Arens:* Manipulation. Kommunikationspsychologische Untersuchungen mit Beispielen aus den Zeitungen des Springer-Konzerns. 2. Aufl., Berlin 1973, S. 14 und S. 15 sowie passim.
[91] *Ambrosius K. Ruf:* Werbung und Ethik, S. 143.
[92] *Gerhart Wolff:* Zum Thema: Sprachmanipulation, S. 51.
[93] Siehe weitere Probleme bei *Thomas M. Garrett:* An Introduction to some Ethical Problems of Modern American Advertising. Rome 1961, S. 95 ff. sowie

1. Einfluß auf Sprache und Denken

1. Jede Mitteilung innerer Vorgänge durch Zeichen wird Sprache genannt[94]. Dazu gehören die Gebärdensprache (Bewegungen der Glieder wie Kopfnicken und Kopfschütteln oder Gesten mit der Hand), die Mienen-, Augen- und Fingersprache. Eine solche Sprache besitzen auch Tiere, insofern sie ihre Empfindungen etwa durch Töne und Bewegungen kundgeben. Unter *Sprache im engeren Sinne* versteht man die Fähigkeit, innere Zustände durch geformte Laute und Wörter zu äußern; sie ist nur dem Menschen eigen. Wenn im folgenden von Sprache die Rede ist, dann sei nur dieser engere Begriff gemeint. Im wesentlichen ist Sprache bei *drei Vorgängen* beteiligt. Sie dient erstens

Übersicht 21

Sprachfunktionen

Sprache i. e. S. bedeutet das Vermögen des Menschen, innere Zustände durch geformte Laute und Wörter zu äußern. Sie hat eine

1. *Verstehensfunktion:*
   in der Sprache vergewissert sich eine Nachricht; Sprache dient der Informationserteilung

2. *Verständigungsfunktion:*
   Sprache vermittelt den Austausch von Nachrichten; Sprache dient der Kommunikation

3. *Beeinflussungsfunktion:*
   in der Sprache und durch die Sprache können andere gelenkt werden

---

Wilhelm Dreier: Funktion und Ethos der Konsumwerbung, S. 142 ff. *Dreier* weist hier im einzelnen nach, wie durch „schrankenlose Werbung" die Familie in ihrer Entfaltung negativ beeinflußt wird. — Ein bezeichnendes Argument findet sich bei *Gerhard Merk:* Programmierte Einführung in die Volkswirtschaftslehre. Bd. 2: Haushalte, Unternehmen und Markt, S. 268. Wörtlich heißt es dort: „Die Werbung für irgendwelche läppischen Produkte ist vor allem deshalb so schädlich, weil sie die Aufmerksamkeit der Werbeadressaten belegt. Diese sind dann gegenüber der zu ihrer Befreiung aus dem Joch der spätkapitalistischen Zwangsherrschaft aufrufenden Agitation unaufmerksam". *Non quaeras, quis hoc dixerit; sed quid dicatur, attende (ut Ciceronis verbis utar).* — Ansätze für zusätzliche sozialethische Argumente finden sich auch bei *Ralph Weill:* Absatzwerbung. Mittel und Ausdruck der Vermassung. Basel 1961 (Diss., im Buchhandel als: Massenpsychologie und Absatzwerbung. Eine Analyse der Reklame. Winterthur 1962).

[94] Mit Absicht wird auf eine informationstheoretische Definition verzichtet, weil eine solche bei der Erörterung der nachfolgenden Probleme keine Vorteile brächte *(conjunctivus obliquus).*

der Vergewisserung von Nachrichten durch eine Person im Wahrnehmungsprozeß (*Verstehensfunktion* der Sprache). Zweitens leistet Sprache einen Übertragungsvorgang zwischen Sender und Empfänger zur Vermittlung von Nachrichten (*Verständigungsfunktion* der Sprache). Drittens vermag Sprache auch zur Beherrschung in einem Bestimmungsprozeß der Information eingesetzt zu werden (*Beeinflussungsfunktion* der Sprache). Diese Eigenschaft der Sprache und ihr Mißbrauch durch die Offensivwerbung wurde bereits im letzten Abschnitt behandelt.

2. Auch ohne tieferes Eindringen in die (terminologisch uneinheitliche und zum Teil auch kontroverse) Sprachtheorie ist jedermann sofort einsichtig, daß Sprache eine Ausdrucksform des Denkens ist. Denn jedes Wort ist gleichsam die konkrete Seite eines Begriffs; und jeder Begriff ist eine Denkeinheit, in der Eigenschaften und Zusammenhänge (beides zusammen: Merkmale) von Gegenständen erfaßt sind. Es gilt aber auch das Umgekehrte: das Denken wird durch die Sprache beeinflußt. Worte erst stiften Sinn und bestimmen die Vorstellungen von und über das benannte Ding. Insofern besteht eine *Wechselwirkung zwischen Sprache und Denken:* die Sprache ist eine Funktion des Denkens, das Denken aber ist auch eine Funktion der Sprache. Beide Funktionen und ihr Wechselverhältnis lassen sich weit und tiefgründig ausdeuten[95].

Übersicht 22

Sprache und Denken

Sprache als menschliche Ausdrucksform
 	
1. ist Ausfluß des Denkens:
  Wörter sind Zeichen für Begriffe
 	
2. bestimmt aber auch das Denken:
  Worte lösen begriffliche Vorstellungen aus

Denken = Tätigkeit des Geistes, die darauf gerichtet ist, die Beziehungen zwischen verschiedenen Vorstellungen aufzufassen. — *Vorstellungen* = Bilder, die von einem wahrgenommenen Gegenstand zurückbleiben, nachdem der äußere Reiz zu wirken aufgehört hat. — *Begriff* = Denkeinheit, in welcher Eigenschaften und Zusammenhänge von Gegenständen zusammengefaßt sind. — *Gegenstand* = alles, was vorgestellt bzw. gedacht wird und worüber man urteilt, sei es etwas tatsächlich Vorhandenes (Reales) oder nicht.

3. Unsere Überlegungen beschränken sich auf zwei Kernprobleme. Einmal sei dem Prägungseffekt der offensiven Werbesprache auf das Denken genauer nachgegangen. Zum anderen sollen auch die Auswirkungen der Sprachverstümmelung durch die Offensivwerbung kurz betrachtet werden.

(a) Daß die Sprache der Offensivwerbung *das Denken* einzelner und den gesellschaftlichen Kommunikationsprozeß *schädigend beeinflußt*, ist auch ohne Einstieg in die Fachsprache der Psychologie begründbar.

(aa) Ständig sendet die Offensivwerbung bestimmte sprachliche Werbebotschaften. Die laufende, andauernde Wiederholung kennzeichnet ja unter anderem die Offensivwerbung; siehe Übersicht 5, Zeile 4. Den Werbeadressaten erreicht die Sprachbotschaft als Wahrnehmung (Perzeption: die auf einen Gegenstand der Außenwelt bezogene Empfindung). Diese Wahrnehmung hinterläßt eine Vorstellung; siehe die Definition in Übersicht 22. Wegen der stetigen Wiederholung, aber auch wegen der häufig auftretenden Verbindung von Wort und Bild in der Werbebotschaft, ist die Vorstellung stark und lebendig: sie ist im Bewußtsein[96]. Die Vorstellung findet sich demnach im Bewußtsein des Werbeadressaten an ein Wort (wir vernachlässigen das Bild und den Ton) gebunden. Umgekehrt stellt sich mit dem Wort die Vorstellung ein. — Benutzt nun der Werbeadressat das Wort im Kommunikationsprozeß, so legt er diesem Wort automatisch jene von der Offensivwerbung geprägte Vorstellung bei. Andrerseits erzeugt die Nennung des Wortes in der außerwerblichen Kommunikation beim Werbeadressaten jene Vorstellung, welche die Offensivwerbung dem Begriff eingegossen hat. Es wird also sowohl die Verstehensfunktion der Sprache (siehe Übersicht 21) als auch deren Verständigungsfunktion von der Werbung geprägt und verfälscht.

(ab) Daß in der offensivwerblichen Formung gewisser Begriffe (genauer: in der absichtlich und planmäßig herbeigeführten Verbindung einer bestimmten Vorstellung mit einem Wort) eine *Verfälschung* liege, muß noch bewiesen werden. Es sei dies aus Gründen der Anschaulichkeit an einem Beispiel versucht. Zur Erklärung diene das in offensivwerblichen Botschaften vielmals und wiederkehrend genannte Schlag-

---

[95] Vergl. die tiefgehende Studie von *Richard Hönigswald:* Philosophie und Sprache. Problemkritik und System. Darmstadt 1970 (Neudruck der Ausgabe von 1937) sowie *Jerrod J. Katz:* Die Philosophie der Sprache. Frankfurt 1970. Beachtenswert ist ferner *Hans G. Furth:* Denkprozesse ohne Sprache. Düsseldorf 1972.

[96] *Bewußtsein* meint hier also das klare, deutliche Stattfinden der Vorstellungstätigkeit. — Siehe wegen der Definitionsschwierigkeiten und der verschiedenen Bedeutungsinhalte *Alwin Diemer:* Artikel „Bewußtsein", in: *Joachim Ritter* (Hrsg.): Historisches Wörterbuch der Philosophie, Bd. 1. Basel—Stuttgart 1971, insbes. Sp. 890 ff.

wort (siehe Übersicht 17, Zeile 2) „Genuß". Die Offensivwerbung legt diesem Begriff jeweils einen ganz bestimmten Inhalt zu. „Genuß" meint dort eine Empfindung im Sinne von Erregungszuständen der Zunge, seltener auch der Nase oder des Ohres. Das Wort wird damit in der Vorstellung des Werbeadressaten verfälscht: einige Merkmale des Begriffes „Genuß" werden aufgebauscht und überdehnt, andere hingegen ganz unterschlagen. Trifft nun der Werbeadressat beispielsweise auf die Aussage, daß jemand einen „Genuß" aus dem Bibellesen habe, so hält er diesen jemand für abartig. Heißt doch für ihn „Genuß" in seiner durch die offensivwerbliche Sprache geformten Vorstellung leibliches Behagen. — Die Verstehensfunktion der Sprache wird so erheblich beeinträchtigt. Worte vermitteln dem einzelnen nurmehr Vorstellungen, welche durch die Offensivwerbung gefiltert, verflacht und vereinseitigt wurden. Der Sprache wird damit in ihrer Aufgabe als Mittel zur Informationserteilung Abbruch getan. Daraus folgt aber auch, daß die Sprache in ihrer Verständigungsfunktion bebürdet und beschränkt wird.

(ac) Freilich läßt sich gegen diese Argumentation etwas einwenden. Ist es doch nicht *bewiesen,* daß die offensivwerbliche Sprache den Vorstellungsgehalt gewisser Wörter (Begriffe) beim einzelnen Werbeadressaten entscheidend bestimme. Tatsächlich sind keine Untersuchungen erhältlich, welche diese *schlußrichtige Vermutung* empirisch sicher belegen. Bestimmt ist der Grad einer über die Sprache erzielbaren Vorstellungsprägung der Offensivwerbung nicht bei allen Werbeadressaten gleich. Eine Durchsetzung des Denkens mit Vorstellungsinhalten der Offensivwerbung dürfte vom Lebensalter, vom Bildungsstand sowie von den Beziehungen der jeweiligen Person im außerwerblichen Kommunikationsfeld abhängig sein. Der Prägungseffekt wäre demnach bei Kindern und Jugendlichen, bei minder Gebildeten sowie bei Kontaktschwachen besonders hoch. Bei diesen Gruppen zeigt sich übrigens auch eine bezeichnende Kritiklosigkeit gegenüber der Werbung gesamthaft[97]. Gerade sie jedoch gilt es im besonderen zu schützen. Trifft diese Personengruppen doch eine Beschränkung der Verstehensfunktion und der Verständigungsfunktion der Sprache ungleich härter als solche Menschen, die über verhältnismäßig breiten Wortschatz und Sprachfertigkeit verfügen[98]. Diese Schutzforderung begründet sich aus dem Zuständigkeitsprinzip (siehe Übersicht 12, Zeile 4), das einen Hilfeanspruch schwacher Mitglieder der Gesellschaft feststellt.

---

[97] Siehe *Ulrich Bender:* Werbung zwischen Information und Manipulation, in: Textil-Praxis, Bd. 27 (1972), Heft 2, S. 55 (Tabelle I) und S. 56 (Tabelle III).
[98] Siehe zu gesamten Fragekreis *Peter Herriot:* Einführung in die Psychologie der Sprache. München 1974.

(b) Neben der „geradezu ungeheuerlichen Verschundung mitmenschlicher Kommunikation"[99] durch die Offensivwerbung gilt es deren *schleichende Sprachverstümmelung* kurz ins Auge zu fassen.

(ba) Der sprachliche Inhalt offensivwerblicher *Botschaften als ganzes* wird allgemein als greulich bezeichnet. Im einzelnen kritisiert man dabei die Werbebotschaften als im enthaltenen Sinngehalt geistesarm („Jetzt gibt es XYZ"), in der gewählten Ausdrucksweise großtuerisch („Das absolut Beste vom Besten"), in der wörtlichen Zusammensetzung aus dem Rahmen fallend („fruuuchtig", „rrröstfrisch"), im stilistischen Gehalt derb und albern („Das lecker-lecker-leckere, urige XYZ"), in der grammatikalischen Form absonderlich („Wer s'ißt der wüßt daß s'schmeckt!") und in ihrer Rückübersetzbarkeit beim Werbeadressaten dünn („Das weißeste Weiß meines Lebens"). Solche „geistlose und geisttötende Reklame"[100], „die jeden Fernsehzuschauer rasend machen kann, die den Geschmack permanent beleidigt und uns einen Intelligenzquotienten Null zumißt"[101], ist für die Offensivwerbung zweifellos typisch. Das heißt aber keineswegs, daß den Werbefachleuten ein „Sprachgefühl" abgehe. Das bare Gegenteil ist der Fall. Werbetexter (nicht selten bestausgewiesene Sprachwissenschaftler) sind Meister ihres Faches. Ihre Fähigkeit und Fertigkeit, Sprache zu handhaben („linguale Kompetenz") ist außerordentlich. Hinter einem scheinbar achtlos hingeworfenen, sprachlich unschönen oder holprigen Slogan steckt oft die (Team)Arbeit von Wochen oder gar Monaten[102]. Für den Werbeexperten liegt das Ziel allein darin, daß die Werbebotschaft wirksam und erfolgreich ist[103]. Die Werbewirksamkeit steht aber mit der Sprachschönheit in keinem Zusammenhang. Im Gegenteil: gerade sprachlich scheußliche Werbesätze könnten durch die ablehnende Haltung beim Werbeadressaten (also allein wegen der Verärgerung der Hörer bzw. Leser über diese Sprachverhunzung) einen hohen Aufmerksamkeitswert haben und die Zielgruppe mit der Werbesache durchdringen. Auch hier ist ein Schaukelstuhl-Effekt unverkennbar. Der Konkurrenzkampf zwingt die Werbetexter zu immer neuen, ausgefalleneren sprachlichen Gags,

---

[99] *Wolfgang Schmidbauer:* Homo consumens, S. 79.

[100] *Walter Wittmann:* Der unbewältigte Wohlstand. Die Zukunft von Wirtschaft, Staat und Gesellschaft. München 1972, S. 77.

[101] *Isabel und Rudolf Mühlfenzl:* Der Irrtum. Weltwirtschaft zwischen Angst und Hoffnung. München—Zürich 1975, S. 134.

[102] Siehe hierzu *Werner Kroeber-Riel*, S. 370 ff.

[103] Die *Wirksamkeit* einer Werbebotschaft (in der Fachliteratur nach Wirkungsstufen unterteilt) ist die Voraussetzung des Werbeerfolgs. *Werbeerfolg* ist der Überschuß zwischen Ausgaben für die Werbung und der Umsatzzunahme aus dem Werbeeinsatz. Man nennt diesen Überschuß auch *Werberendite*. Siehe des näheren *Erich Gutenberg:* Grundlagen der Betriebswirtschaftslehre. Bd. 2: Der Absatz. 14. Aufl., Berlin—Heidelberg-New York 1973, S. 492 f.

B. Hauptsächliche Vorwürfe gegen die Offensivwerbung

um Aufmerksamkeit zu erregen[104]. Insofern ist die Offensivwerbung aus sich heraus ein stets zunehmender Quell des Sprachverschnitts.

(bb) Neben der Werbebotschaft als ganzem zielt der Vorwurf der Sprachverstümmelung aber auch auf *einzelne Wörter*: auf Wörter, welche die Offensivwerbung in die Umgangssprache gepflanzt hat. Es sind dies meistens Beiwörter (wie „beerig", „fruchtig", „kuschelweich", „streichelschön", „haftkräftig", usw.), die vor allem in den Wortschatz von Kindern und weniger gebildeten Personen eingehen. Solche Wortschöpfungen „vernichten die Sprache als Material der Dichtung und dringen als sogenannte ‚Sprachregelungen' in Politik und Alltag ein"[105]. — Andere beurteilen diesen Sachverhalt günstiger. „Manch eine der Wortschöpfungen der Werbung hat unsere Sprache *bereichert*. Sie sind in die Umgangssprache eingegangen und werden dort benutzt, was auf einen Bedarf hindeutet (so!). Das Ansinnen vor allem der Dichterlinge (so!), als Richter über den ‚richtigen' Sprachgebrauch zu wachen, ist eine Anmaßung. Hier wird geradewegs das Interesse einer spezifisch elitären Schicht (so!) als das Interesse der Allgemeinheit ausgegeben[106]." Sicher scheinen aber doch die von der Offensivwerbung eingeführten Wortschöpfungen einer *Sprachverflachung* zumindest starken Vorschub zu leisten, wie man durch sprachwissenschaftliche Analyse beweisen könnte. Die wachsende Durchsetzung der Sprache mit Neuwörtern der Offensivwerbung wird daher zu Recht beanstandet.

4. Die vorstehenden Darlegungen ließen erkennen, daß die Offensivwerbung schädigend wirkt. Sie verformt die Sprache als Verstehensmittel und als Verständigungsmittel (siehe Übersicht 21). Damit prägt sie auch das Denken (siehe Übersicht 22). Dieser Einfluß geschieht zwar öffentlich, jedoch ohne irgend eine Kontrolle. Es verstößt dies gegen das Personprinzip (siehe Übersicht 12, Zeile 1). Denn die offensivwerbliche Sprachumformung, Vorstellungsprägung und damit Denkformung trifft besonders die minder gebildeten Personen und beeinträchtigt deren

---

[104] *Aufmerksamkeit* hier verstanden als das Erreichen einer werblichen Botschaft bei den Werbeadressaten; siehe wegen genauerer Unterscheidungen *Karlfritz Koeppler u. a.*: Werbewirkungen definiert und gemessen, S. 13 ff. — „Eine Unhöflichkeit war Anfang 1958 der Versand von großen Pappeprospekten, die mit lapidaren Schlagworten für ein Grippemittel warben. Sie wurden vom Arzt ärgerlich und nicht ohne Mühe zerrissen und riefen weiterhin seine Empörung hervor, weil die einzelnen Teile auch noch im Papierkorb sperrig blieben. Aber der wirtschaftliche Erfolg — durch diese neue Art der zwangsläufigen Einprägung des Namens — übertraf alle Erwartungen" (*Erich Wasem*: Presse, Rundfunk, Fernsehen, Reklame pädagogisch gesehen. München—Basel 1959, S. 193).
[105] *Kurt Schilling*: Geschichte der Sozialen Ideen. Individuum, Gemeinschaft, Gesellschaft. 2. Aufl., Stuttgart 1966, S. 402.
[106] *Gerhard Merk*: Programmierte Einführung in die Volkswirtschaftslehre. Bd. 2: Haushalte, Unternehmen und Markt, S. 271. *In illa sententia auctor manet, etiamsi vituperatio apud Actas 8, 20 scripta animadvertendum sit.*

Würde. „Nur wer noch bedenken kann, was es heißt, daß der Mensch doch ein wesentlich sprachlich lebendes Wesen ist, weiß, was das bedeutet[107]." Auch mißachtet die Sprach- und Denkbeeinflussung der Offensivwerbung das Gesellschaftsprinzip (siehe Übersicht 8). Jeder mitmenschliche Verkehr bedient sich im Normalfall der Sprache. Die Offensivwerbung verfälscht aber gerade diese Sprache. Sie richtet sich damit ingleichen gegen das Gemeinwohlprinzip (siehe Übersicht 9, Spalte 1). Denn welche Zielgüter eine Gesellschaft auch immer anstreben mag: sie werden sprachlich formuliert und beschrieben. Durch die schleichende sprachliche Bedeutungsverschiebung werden die Bestimmung, Festlegung und Zieldeutung des Gemeingutes unmerklich verwischt und seine Erreichung damit beeinträchtigt, wenn nicht gar verunmöglicht.

2. Einfluß auf die Zielvorstellungen

1. Unbestritten ist, daß die Offensivwerbung durch ihre regelmäßig wiederholten Werbebotschaften einen spürbaren Einfluß auf die Zielvorstellungen sowohl des einzelnen als auch der Gesellschaft ausübt. Unter *Zielvorstellungen* sind dabei (vorläufige) Endpunkte zu verstehen, die von Personen wie auch von Gruppen angestrebt werden. Es sind Dinge (etwa der Besitz eines Eigenheimes) oder Zustände (beispielsweise Gesundheit), auf die sich das Streben und Trachten richtet. Zielvorstellungen meinen mithin das Verlangen, begehrte Umstände zu erreichen.

2. Solche ins Auge gefaßten Ziele schließen nun aber in jedem Falle *ethische Entscheidungen* (siehe Übersicht 6) ein. Es ist daher die Sittenlehre zu befragen, mit welcher Wirkung die Offensivwerbung das Handeln der Menschen bestimmt und ob solcher Einfluß gerechtfertigt ist. Im Sinne der Fragestellung der Metaethik und der Wertphilosophie gilt es zunächst festzustellen, was Werte sind, wie sie sich zeigen und in welcher Beziehung sie untereinander stehen. Erst die dabei gewonnenen Erkenntnisse erlauben es, die offensivwerbliche Einwirkung auf das ethische Empfinden der Menschen einzuordnen.

(a) *Werte* sind dasjenige am Seienden (an einer Person oder an einer Sache), was die Ursache für eine gerechtfertigte Schätzung abgibt[108].

---

[107] *Kurt Schilling:* Geschichte der Sozialen Ideen, S. 402. Siehe auch *Walter Kerber:* Manipulierung des Menschen durch die Werbung?, S. 324. — „Wer anfällig für das Schlagwort ist, sich in letzten Lebensfragen vom Fernsehen und von den Illustrierten ‚vordenken' läßt, zum Echo anderer wird und genormte Gesinnungen übernimmt, ist der Vermassung verfallen. Innerlich haltlose Menschen sind für Diktatoren die gefügigen Werkzeuge" (*Joseph Höffner:* Christliche Gesellschaftslehre. 6. Aufl., Kevelaer 1974, S. 37).

[108] Siehe hierzu und zum folgenden *Max Scheler:* Der Formalismus in der Ethik und die materiale Wertethik. 5. Aufl., Bern 1966 (Gesammelte Werke,

Sie bildet den Grund dafür, daß dieses Seiende zum Ziel eines richtigen (geziemenden, also nicht tatsächlichen) Wollens wird. Die Erstrebtheit (Appetibilität) des Seienden heißt dessen *Güte*. Das Seiende, welches diese Güte besitzt, nennt man *Gut*. — Streng zu scheiden von dieser Definition des Wertes im objektiven Sinne ist der Begriff Wert im *subjektiven Sinne* als die Eigenschaft, um derentwillen ein Seiendes begehrt wird. Wert in dieser Bedeutung meint also den Grad der Geschätztheit oder Erstrebtheit einer Person oder einer Sache. Im ökonomischen Schrifttum spricht man im Falle der Begehrtheit von Sachen durch Personen dann von *Nutzen* (als Kardinalgröße) oder von *Ophelimität* (als Ordinalgröße)[109].

(b) Werte haben eine *inhaltliche Bestimmtheit:* ein Sosein, eine Washeit. Diese ist von jedem subjektiven Erfassen, Anerkennen und Stellungnehmen unabhängig. Auf der anderen Seite können jedoch Werte für sich nicht faßbar und wirklich werden. Dies ist nur möglich an Gütern (Personen oder Sachen), die als ihre Träger erscheinen. Indessen dürfen Werte auf keinen Fall mit ihren Trägern vermengt oder in ihrem Sinngehalt aus diesen abgeleitet werden! Der Vergleich zu den Farben drängt sich auf. Auch diese vermögen nur an Gegenständen Wirklichkeit anzunehmen. Niemand leitet aber daraus ab, daß den Farben keine eigentliche inhaltliche Bestimmtheit zukäme. Sie sind in ihrem Sosein, und nicht erst an den Trägern, untereinander verschieden. Beide, Farben wie Werte, bedürfen aber zu ihrer Realsetzung eines Trägers.

(c) Werte werden wahrgenommen durch einen eigenen Erfassensakt: die *Wertnehmung* (Werterfassen). Hierbei handelt es sich um eine unmittelbare, intuitive, des Beweises weder fähige noch bedürftige Erkenntnis als einem Zusammenspiel von Denkakten und Gefühlsfunktionen[110]. „Es gibt eine Erfahrungsart, deren Gegenstände dem Verstand völlig verschlossen sind; für die dieser so blind ist wie Ohr und Hören für die Farbe, eine Erfahrungsart aber, die uns echte objektive Gegenstände und eine ewige Ordnung zwischen ihnen zuführt, eben die Werte und eine Rangordnung zwischen ihnen. Und die Ordnung und die Gesetze dieses Erfahrens sind so bestimmt, genau und einsichtig wie jene der Logik und Mathematik[111]."

Bd. 2) sowie *Johannes Hessen:* Lehrbuch der Philosophie. Bd. 2: Wertlehre. 2. Aufl., Basel 1959.
[109] Vergl. hierzu *Gerhard Merk:* Mikroökonomik. Stuttgart 1976, S. 32 ff. und S. 44.
[110] Werterkenntnis wird hier also nicht als eine Funktion der „praktischen Vernunft" (im Sinne des Neukantianismus) verstanden.
[111] *Max Scheler:* Der Formalismus in der Ethik und die materiale Wertethik, S. 262.

(d) Werte lassen sich in Rangordnungen (Hierarchien) gliedern. Die Wertphilosophie kennt vielerlei Werthierarchien, die auf verschiedenen Einteilungsmerkmalen beruhen. Als herrschende Meinung kennzeichnen läßt sich eine *Dreiteilung der Werte* nach der Rangfolge ihrer Güte. An oberster Stelle stehen danach Werte des Heiligen, Göttlichen (transzendente Werte), an nächster Stelle der Hierarchie Werte des Geistigen (geistige Werte oder Personwerte) und an unterster Stelle Werte des Gegenständlichen, Materiellen, Stofflichen (materielle Werte oder Sachwerte). Im einzelnen unterscheidet die Wertphilosophie innerhalb dieser Grundstufen unterschiedliche Einzelwerte und Wertbeziehungen.

Übersicht 23

Kennzeichnende Aussagen über den Wert

Wert ist dasjenige an einer Sache oder Person, welches den Grund für eine gerechtfertigte Schätzung abgibt.
Werte

1. haben eine inhaltliche Bestimmtheit (ein Sosein, eine Washeit)

2. bedürfen (gleich einer Farbe) zur Realsetzung eines Gutes als Träger

3. werden durch einen eigenen Erfassensakt, der Wertnehmung (dem Werterfassen) wahrgenommen

4. lassen sich nach ihrer Güte in Rangordnungen unterscheiden, so (aufsteigend) in materielle, geistige und transzendente Werte

Güte = gerechtfertigte (nicht tatsächliche) Erstrebtheit (Appetibilität) einer Sache oder einer Person. — *Gut* = Sache oder Person, welcher Güte zukommt.

3. Der Einfluß der Offensivwerbung geht nun dahin, daß die Sachwerte überschätzt werden, die Personwerte eine gefährliche Umdeutung erfahren und transzendente Werte einer Ächtung anheimfallen. Dies hat wiederum im einzelnen eine starke Bedeutung für die Zielvorstellungen von Personen und der Gesellschaft.

(a) Offensivwerbliche Kaufappelle wenden sich an erster Stelle und vornehmlich an das menschliche Begehren nach Besitz und Reichtum, nach Jugendlichkeit und körperlicher Schönheit. *Materielle Werte* werden somit durch die allgegenwärtige Offensivwerbung herausgehoben, überbetont und ihnen allein Bedeutung und Wichtigkeit, ja überhaupt nur Geltung beigemessen. Solcher falsche Nachdruck auf Sachwerte beschleunigt die personelle Zerrissenheit und erhöht die Neigung zur Aggression in der Gesellschaft.

(aa) Es war vor allem *Sigmund Freud*, welcher die innere Zerrissenheit des Menschen näher bestimmte[112]. Danach ist diese auf Konfliktlagen zwischen den drei Motivationsregionen, nämlich dem Ich (Bewußtsein), dem Es (Unbewußten) und dem Über-Ich (Kontrollinstanz) zurückzuführen. Solche Konflikte erhalten durch die Offensivwerbung eine Verschärfung. „Erneut sollen der Widerstand frustierender Wirklichkeit (Konflikt Es — Ich) oder gar die Neurose auf Grund verdrängter Wünsche (Konflikt Es — Über-Ich) durch genießerische Lust im Verbrauch und Gebrauch von Wirtschaftsgütern überwunden werden. Dadurch wird der eigentliche Sinn personalganzheitlichen Strebens verfehlt und verfälscht. Die werbemäßig immer wieder neu entfachte Kauflust verschafft letztlich keine personale Befriedigung. Das kann als stete Unzufriedenheit des Kunden absatzpolitisch von Vorteil sein. Es wächst jedoch mit jedem Kaufakt für den so Umworbenen die Gefahr, in seiner gesamten Lebenshaltung der ‚Außensteuerung' zu verfallen und personales Wertnehmen zu verlernen. Darin muß bereits das Faktum einer gestörten sittlichen Wertordnung durch eine pervertierende Werbung gesehen werden[113]."

(ab) Im einzelnen erklärt sich die personale Konfliktverschärfung der Offensivwerbung durch die bewußte, gewollte Auslösung von Mechanismen des Unbewußten im Sinne von *Freud*. Zu nennen wären hier vor allem drei: ein Kompensationsprozeß, ein Identifikationsprozeß und ein Projektionsprozeß.

(aba) Durch das Herbeiführen eines *Kompensationsprozesses* nutzt die Offensivwerbung bei den Werbeadressaten vorhandene Unsicherheiten, Minderwertigkeitsgefühle oder gar die verschiedenen Formen der Angst (im Unterschied zur gegenstandsbezogenen Furcht eine unbehagliche, verzweiflungsähnliche Grundbefindlichkeit des Daseins). Verspricht sie doch über den Kauf eines Gutes Sicherheit, Anerkennung, Freiheit und Gelöstheit. Die Kompensation als solche gelingt nun aber in den wenigsten Fällen zur Genüge: Spannungszustände werden in aller Regel nämlich durch den Kauf und Besitz von Gütern nicht in ihrer ganzen Breite oder (und) nicht in ihrer vollen Stärke ausgeglichen. Vor allem jedoch die Teilkompensation unbewußt wirkender Angst beschleunigt und verstärkt menschliche Neurosen. Dies wurde von der Existenzphilosophie nachdrücklich behauptet und von der Psychoana-

---

[112] Siehe hierzu ausführlicher *Günter Wiswede*: Motivation und Verbraucherverhalten. Grundlagen der Motivforschung. München—Basel 1965, S. 119 ff. und S. 131 ff.
[113] *Wilhelm Dreier*: Funktion und Ethos der Kosumwerbung, S. 227.

lyse empirisch bestätigt[114]. „Die Kompensationswerbung als Mittel zur Befreiung von seelischer Angst und Psycho-Neurosen wirft deshalb besonders große sittliche Probleme auf[115]."

(abb) Unter *Identifikation* (Identifizierung) versteht man „die Übernahme eines Motivkomplexes von (abstrakten oder konkreten) Personen der Umgebung[116]". Hier bemüht sich die Offensivwerbung über verkettete Symbole und Produktbilder (Images) dem Werbeadressaten eine Motivübernahme aufzudrängen[117]. Images wurden bereits bei der Kennzeichnung der Offensivwerbung sowie bei der Sprachmanipulation kurz beschrieben. Es handelt sich um idealtypische (durch einseitige Steigerungen eines oder mehrerer Merkmale gewonnener) Figuren, um bildhafte Gestalten sowie um Begriffe mit Symbolcharakter. Sie dienen dem Konsumenten als Ideale seiner Lebensgestaltung, damit aber auch als Vorbilder seines Wertnehmens. Gelingt der Werbung die Identifikation mit den vorgestellten Leitbildern, so liegt der Schaden für den Konsumenten darin, daß das eigene Ich-Ideal (das idealisierte Ebenbild) verkümmert. Das Image schiebt sich nach und nach an die Stelle des eigenen, nicht erreichten Ich-Ideals. Es kommt damit zu einer zunehmenden Entfremdung zwischen dem Ich und dem Ich-Ideal und als Folge über kurz oder lang zu leidvollen Konflikten. Der Konsument baut so nämlich „seine eigene Persönlichkeit ab und übernimmt systemfremde Motivstrukturen. Die Identifizierung erfolgt also immer auf Kosten des eigenen Ichs, bleibt aber nicht ohne Einfluß auf das Überich und auf das Es, da sich ein wesentlicher Teil der Identifikation unbewußt abzuspielen pflegt[118]." — Nun gelingt aber eine vollständige Identifikation zwischen Leitbild (Image) und dem Werbeadressaten nur in wenigen Fällen. Solche Teilidentifizierung wirkt aber erst recht konfliktfördernd. Denn bezieht der Konsument aus dem Image zwar Befriedigung, bleiben aber weite Bereiche davon ausgeschlossen, dann erlebt er gerade hier den Abstand zwischen Ich und Ich-Ideal umso stärker. — Weiter ist zu bedenken, daß die Offensivwerbung sehr viele Images prägt, welche dem vom Ich nicht erreichten Ich-Ideal entsprechen. So wird dem „Lieschen Müller" die Waschfrau, die Hausfrau, die Prinzessin, der Teenager, die Sekretärin, die Stewardess, das Mannequin, die Schönheitskönigin und viele andere Konsumvorbilder vor

---

[114] Siehe hierzu *Eugene E. Levitt:* Die Psychologie der Angst. 2. Aufl., Stuttgart 1973 (Urban-Taschenbuch 138) sowie ausführlicher *Ernst Fürntratt:* Angst und instrumentale Aggression. Eine Analyse auf der Grundlage experimentalpsychologischer Forschungsbefunde. Weinheim 1974.

[115] *Wilhelm Dreier:* Funktion und Ethos der Konsumwerbung, S. 107.

[116] *Günter Wiswede:* Motivation und Verbraucherverhalten, S. 279.

[117] Siehe *Nieschlag - Dichtl - Hörschgen:* Marketing. Ein entscheidungstheoretischer Ansatz. 7. Aufl., Berlin 1974, S. 287 f.

[118] *Günter Wiswede:* Motivation und Verbraucherverhalten, S. 280.

Augen gestellt. So wird die Person an verschiedene Images gebunden. Im Extremfall ist dadurch ein völliger Abbau der eigenen Persönlichkeit denkbar. Der Werbeadressat ist dann nur noch mit selbstfremden Motiven angereichert, die aus übernommenen Leitbildern stammen. — In jedem der Fälle aber fördert die offensivwerbliche Leitbilderwerbung mit dem Ziel einer Identifikation die Zerrissenheit des Individuums.

(abc) Unter *Projektion* versteht man die Hinausverlegung (Externalisation) einer inneren Wahrnehmung und deren Verwandlung in eine Wahrnehmung nach außen, wobei die früheren Wahrnehmungen auf die gegenwärtigen verzerrend wirken[119]. Der Mensch betrachtet mit anderen Worten die Dinge nicht so, wie sie wirklich sind. Er sieht sie vielmehr als Bild. Dieses Bild jedoch ist teilweise mit Merkmalen aufgeladen, die aus der Person selbst stammen und mit positiven oder negativen Bedeutsamkeiten versehen sind. Im besonderen richtet der Konsument seine Kaufentscheidung nicht danach, wie das Produkt wirklich ist, sondern danach, wie er glaubt, daß es sei[120]. Die Offensivwerbung nutzt diese Tatsache ständig aus und prägt Leitbilder der Produkte, in denen sich Wunschvorstellungen der Konsumenten wiederfinden. Die Übertragung seiner Wunschbilder (vollkommene Hausfrau) auf die angebotene Ware (Waschpulver) soll zum Kaufentscheid drängen. Insofern leiten die von der Offensivwerbung ausgelösten Projektionsprozesse wieder Kompensationsvorgänge mit den bereits beschriebenen negativen Auswirkungen auf die Person ein. Projektion und Kompensation fordern und fördern sich also wechselseitig.

(ac) Daß die Begünstigung und Verschärfung innerer Zerrissenheit bei den Werbeadressaten in *Aggression* (nämlich in feindliches Zuschreiten auf andere) einmündet, gilt es noch zu erklären. Wir sahen, daß durch offensivwerbliche Leitbilderprägung ausgelöste Prozesse der Projektion, Identifikation und Kompensation in jedem Falle zu einem Erlebnis des Vereiteltwordenseins, der Frustration führen. Daraus entwickelt sich eine Neigung, sich zu rächen, Schaden zu stiften. Es sei hier nicht tiefer in die Aggressionstheorie eingedrungen[121], sondern lediglich darauf verwiesen, daß diese vielfältige, offene und verdeckte Formen unterscheidet sowie Inkubationszeiten (Lags) als auch Richtungsverschiebungen der Aggression beschreibt. Unzweifelhaft werden demnach

---

[119] Siehe hierzu die noch immer lesenswerten Ausführungen von *Sigmund Freud:* Totem und Tabu. 10. Aufl., Frankfurt 1956, S. 75 ff. (Fischer-Taschenbuch 6053).
[120] Siehe *Werner Kroeber-Riel:* Konsumentenverhalten, S. 102 ff. zur Messung solcher subjektiv empfundener Eigenschaftsprofile von Waren.
[121] Siehe übersichtlich *Rolf Denker:* Angst und Aggression. Stuttgart 1976 sowie *ders.:* Aufklärung über Aggression. Kant - Darwin - Freud - Lorenz. 4. Aufl., Stuttgart 1972.

aggressive Zielvorstellungen aus der allein materielle Werte herausstellenden und dabei Mechanismen des Unbewußtsein auslösenden Offensivwerbung begründet und vorhandene bestärkt.

Übersicht 24

Offensivwerbung und Mechanismen des Unbewußten
Offensivwerbliche Überbetonung materieller Werte ereignet sich vor allem im bewußten Auslösen von Mechanismen des Unbewußten, nämlich Prozesse der 1. *Kompensation:* Minderwertigkeitskomplexe und Angst sollen durch Güterkauf ausgeglichen werden 2. *Identifikation:* über verkettete Symbole und Leitbilder (Images) soll der einzelne zur Motivübernahme und damit zum Kauf gedrängt werden 3. *Projektion:* es werden Bilder geprägt und mit Produkten in Beziehung gebracht, in denen sich Wunschvorstellungen der Konsumenten wiederfinden
In allen drei Fällen führt diese Werbetaktik am Ende zu einer Erhöhung innerer *Zerrissenheit der Person*. Die personale Desintegration mit ihren Frustrationserlebnissen mündet in *Aggression*. So fördert die Offensivwerbung aggressive Zielvorstellungen einzelner und der Gesellschaft

(b) Daß *Personwerte* durch die Offensivwerbung eine gefährliche Umdeutung erfahren, steht ganz außer Zweifel. Im einzelnen müssen hier genauer *zwei Tatbestände* unterschieden werden. Einmal werden durch die Offensivwerbung geistige Werte als solche ausgegeben, die über Sachgebrauch *erreichbar* seien. Behauptet wird hier also, daß die personale Wertteilhabe durch Konsum von Gütern möglich sei. Zum andern aber stellt die Offensivwerbung geistige Werte auch als solche hin, die sich im Gütergebrauch *zeigen*. Personwerte realisieren sich demnach allein durch Kauf und Nutzung von Waren und Dienstleistungen.

(ba) Es ist mitnichten so, daß die Offensivwerbung sich von geistigen Werten lossage und diese einfach übergehe. Ganz im Gegenteil: offensivwerbliche Botschaften strotzen gerade von Appellen an geistige Werte. Es wird dabei aber der Personwert in eine völlig verkehrte Beziehung zu Sachwerten gebracht. Unterstellt doch die Offensivwerbung regelmäßig, daß *geistige Werte durch Gütergebrauch zu erreichen* seien. So erlangt man Weisheit durch regelmäßigen Weingenuß, Gelassenheit durch Abschluß eines Vertrags mit der XYZ-Versicherung, Ausdauer durch eine Tasse der aufgebrühten Kaffeesorte XYZ, Freude durch das Abbrennen von Zigaretten zwischen den Lippen und Einsaugen der cancerogenen Verbrennungsprodukte in die atemlufteheischende Lunge (allen Ernstes „Raucherlebnis" genannt), Ansehen bei den Menschen durch Fahren des Autotyps XYZ, soziales Vertrauen durch eine Verbindung mit der XYZ-Bank, um nur einige wenige Beispiele aus dem Alltag der Offensivwerbung zu nennen.

(bb) Ebenso verfälschend wirkt die offensivwerbliche Aussage, *geistige Werte ließen sich in entsprechendem Waren- und Dienstleistungsgebrauch erkennen*. So zeigt sich Treue im Gewohnheitskauf einer Marke, Mitgefühl im Verfüttern von XYZ an die Hauskatze, Nächstenliebe im Gebrauch von Desodorantien, Duldsamkeit im Ausprobieren eines neuen Fabrikats, Mäßigkeit im regelmäßigen Konsum des Schnapses XYZ, Dankbarkeit im Schenken von Blumen zum X-Tag, Kontaktfreudigkeit im Besitz eines Farbfernsehgerätes der Marke XYZ, Vorurteilslosigkeit in der Buchung einer Reise beim Reiseveranstalter XYZ, um auch hier einige Beispiele zu nennen. Der Personwert ist hier also reduziert und pervertiert zu einer Konsumhandlung. Das personale Wertfühlen wird durch diese Gleichsetzung von Personwerterlebnis und Verbrauchsakt systematisch verkürzt, umgedeutet, verfälscht, damit aber auch zurückentwickelt und schließlich abgebaut. Und „weil die Reklame dauernd dafür sorgt, daß allein Waren wahrgenommen werden, entsteht der Eindruck, die Konsumwelt sei die einzig wirkliche. Über die Jugendlichen, die heutzutage ihre Identität hauptsächlich im Kauf bestimmter Konsumgüter erleben, haben wir schon gesprochen. In dieser Welt müssen alle Dinge zu kurz kommen, für die niemand Reklame macht: erfüllte Liebe, Selbstdisziplin und Verzicht, Bergsteigen, Wandern um des Wanderns willen (nicht so: ‚Ich geh' meilenweit für eine Camel-Filter!'), Meditation, Hausmusik, jede produktive im Gegensatz zur konsumptiven Tätigkeit[122]." Die Verzerrung echter Personwerte durch die offensivwerbliche Lüge von der Realsetzung geistiger Werte im Sachgebrauch führt zu dem, was *Walter Künneth* einmal durch die Werbung herbeigeführte „Perversion des Lebenssinns" genannt hat. „Wenn bestimmte Sachwerte fälschlich idealisiert und außerordentliche Versprechungen an sie geknüpft werden, wird der Mensch, sein Denken und sein Handeln noch mehr und noch tiefer von

---

[122] *Wolfgang Schmidbauer:* Homo consumens, S. 78 f.

den Dingen abhängig. Es kommt zu einer ‚Dingbesessenheit' des Menschen, zur Versklavung unter den Mammongeist. So wird der Mensch geformt, welcher meint, sich alles leisten zu können, und der alles von der Erhöhung des Lebensstandards erwartet. Dieser Mensch verfällt der Maßlosigkeit und Grenzenlosigkeit. Die Werbung verhindert dann geradezu, daß der Mensch zu sich selbst kommt. Die Folge davon ist, daß der Mensch sich selbst verliert, sein individuelles persönliches Menschengesicht preisgibt und so selbst zur ‚Dutzendware' wird. Das Ergebnis dieses Entwicklungsprozesses ist die Aushöhlung der Gesellschaft zur Geistlosigkeit, die Nivellierung des Menschseins und damit die Verdrehung und Umkehrung des Sinnes und Zieles des von Gott geschaffenen Menschenlebens[123]."

Übersicht 25

Offensivwerbung und Personwerte
Personwerte erfahren durch die Offensivwerbung eine gefährliche Umdeutung. Werden sie doch als solche hingestellt, die 1. über Sachgütergebrauch *erreichbar* seien: etwa soziale Geltung durch den Besitz eines „repräsentativen" Automobils 2. sich im Sachgütergebrauch *zeigen:* etwa Nächstenliebe im Gebrauch von Desodorantien
Das *personale Wertfühlen* wird durch solch trügerische Verknüpfung von Personwerterlebnis und Konsumakt verfälschend umgedeutet, dadurch aber zurückentwickelt und *schleichend zerstört*

(bc) Die Überbetonung materieller Werte und die damit einhergehende Umdeutung von Personwerten in Sachwerte hat aber noch andere Auswirkungen. Erstens entsteht daraus durch sozialen Druck auf den einzelnen gleichsam ein *Konsumzwang*. Ein dankbarer Mensch schenkt seiner Mutter zum Muttertag Blumen, ein freudiger Zeitgenosse trinkt und raucht, und wer etwas auf sich hält, fährt einen „repräsentativen" Wagen. Jemand, der das nicht mittut, wer Dankbarkeit, Freude oder Selbstachtung anders (objektiv richtig) erleben möchte, der wird zum Außenseiter und komischen Kauz, zum Sonderling abgestempelt: er wird sozial bestraft. „In vielen Werbeappellen wird nicht verbal, sondern visuell auf die zu erwartenden sozialen Sanktionen aufmerk-

---

[123] *Walter Künneth:* Werbung und Ethik. Essen 1957, S. 15.

B. Hauptsächliche Vorwürfe gegen die Offensivwerbung   79

sam gemacht. Durch Bilder wird etwa die Bewunderung von Kollegen, der geschäftliche Erfolg, das Glück des geselligen Zusammenseins für denjenigen, der die Konsumnorm erfüllt, dargestellt. Die von der Werbung auf diese Weise erreichte Konformität der Konsumenten ist ebenso wie die durch andere Werbetechniken erzielte Verhaltensbeeinflussung Ausdruck sozialer Kontrolle und Macht[124]." — Zweitens verlangt nun aber der Wettbewerb um die vermeintliche Teilhabe an geistigen Werten durch Sachgüter immer *mehr Konsum*. Der Mensch sieht sich dadurch „fast dauernd in die *Zwangslage* versetzt, *mehr zu verdienen*, um den durch die Reklame aufgestachelten eigenen Verbrauchswünschen oder denjenigen der Familie zu entsprechen[125]". Daraus entsteht jenes Übel, an dem unsere Zeit besonders zu leiden scheint, „nämlich an einer ungezügelten Erwerbsgier und an einem Arbeitstempo und Arbeitsdrang, die für die Gesundheit geradezu bedrohlich geworden sind[126]." — Drittens führt das beschriebene Gleichsetzen von Personwerten mit Sachwerten und der dadurch beschleunigte Konsumzwang „zur *Erweckung der Besitzgier*. So wird durch eine den Sinn des Menschen nicht mehr beachtende Werbung Unzufriedenheit und Begehrlichkeit provoziert. Durch einseitige Beeinflussung wird die irrtümliche Vorstellung erweckt, alle diese Sachgüter seien lebensnotwendig. An Stelle der Bescheidenheit tritt die Tendenz zur Üppigkeit, das ungestillte Verlangen, immer mehr zu wollen und damit über seine Verhältnisse hinaus zu leben. So kommt es zu einer verhängnisvollen Schwerpunktverlagerung im Bewußtsein des Menschen: lebensentscheidend ist das, was der Mensch noch nicht hat, ganz abgesehen von dem, was er braucht[127]." Die Folgen der so ausgelösten Unzufriedenheit wirken aber weiter ins Gesellschaftliche. Weil die Offensivwerbung mit Vorliebe gerade den Lebensstandard der Oberschicht als für jeden erreichbar hinstellt, wird allgemein bewußt, daß diese keine „anderen" Menschen sind. Eine *soziale Gleichmacherei* folgt dieser „sozialen Identifikation[128]". „Sobald die Angehörigen der Mittel- und Grundschichten

---

[124] *Werner Kroeber-Riel:* Konsumentenverhalten, S. 275. Siehe ähnlich auch *Horst W. Opaschowski:* Der Jugendkult in der Bundesrepublik Deutschland. Düsseldorf 1971, S. 37 bezüglich der Jugendlichkeit und der körperlichen Fitness als Zwangsideale.

[125] *Emil Küng:* Wirtschaftspolitische Gegenwartsfragen, S. 222.

[126] *Emil Küng:* Wirtschaftspolitische Gegenwartsfragen, S. 222. Siehe auch *Georg Ratzinger:* Die Volkswirtschaft in ihren sittlichen Grundlagen. 2. Aufl., Freiburg 1895, S. 229 ff.

[127] *Walter Künneth:* Werbung und Ethik, S. 14. Siehe hierzu auch *Matthäus Liberatore:* Grundsätze der Volkswirtschaft. Innsbruck 1891, S. 340 ff. sowie *Walter Wittmann:* Der unbewältigte Wohlstand. Die Zukunft von Wirtschaft, Staat und Gesellschaft. München 1972, S. 75 f.

[128] *Jürgen Frank:* Kritische Ökonomie. Einführung in Grundsätze und Kontroversen wirtschaftswissenschaftlicher Theoriebildung. Reinbeck 1976, S. 184 (rororo studium 95).

anfangen, sich mit denjenigen der Oberschicht zu vergleichen, führt das Bedürfnis nach sozialer Anerkennung und Eigenwertempfinden sie unweigerlich dazu, nach der ‚Berechtigung' der Einkommens- und Vermögensunterschiede zu fragen. Hat dieser Vorgang aber einmal eingesetzt, besteht längerfristig — wenn die Entwicklung in demokratischen Bahnen verläuft — die Gefahr einer ‚Überkorrektur', das heißt einer die Produktivität der Wirtschaft beeinträchtigenden übermäßigen Angleichung der Einkommen und Vermögen; im Falle des revolutionären Verlaufs der Neuverteilung der Güter dagegen taucht eher die Gefahr einer Ablösung der bisherigen Oberschichten durch die ‚revolutionäre Elite' auf[129]." — Letztlich wäre auch noch der Verlust echten sozialen Gefühls und die Blindheit gegenüber den Problemen der Zeit als Folge der durch die Offensivwerbung beförderten materiellen Grundhaltung der Menschen zu nennen. „So schafft es eben die Reklame, die das Konsumverhalten in Gang halten hilft, daß warnende Stimmen, daß Kritik an diesem Konsumverhalten, am bildenden Glauben an den Nutzen dauernden Wirtschaftswachstums konsumiert wird wie andere Pseudosensationen auch, daß der Blick des Illustriertenlesers nur noch hurtiger weitergetrieben wird zu jenen Anzeigen für Zigaretten, Whisky, Weinbrand und schnelle Autos, die noch eine heile Welt vorgaukeln. *Die Reklame ist nichts anderes als Innenweltverschmutzung.* Sie hat die Umweltverschmutzung erst ermöglicht und verstärkt sie zugleich[130]."

(c) Werden geistige Werte in Sachwerte umgedeutet, so bleiben *transzendente Werte* von der Offensivwerbung totgeschwiegen. Es empfindet heute niemand mehr Scham, mit materiellen Werten aufzutrumpfen und seiner Konsumfreude ungehemmten Ausdruck zu verleihen. Aber es gilt als höchst unschicklich, ja geradezu als peinlich, religiöse Freude zu äußern. Nun wird vielfach die Meinung vertreten, daß die Tabuisierung der Werte des Heiligen durch die Offensivwerbung mehr Vorteile als Nachteile brächte. Denn am Beispiel der pervertierten geistigen Werte könne man ermessen, welche Verflachung die religiösen Werte im Bewußtsein der Menschen erführen, wären sie von der Offensivwerbung aufgegriffen und „verarbeitet". Andrerseits führt aber die Verbannung transzendenter Werte aus der alles beherrschenden Offensivwerbung und damit deren Verdrängung beim einzelnen wieder zu Neurosen; oft auch zu Aggressionen gegen das Religiöse überhaupt. Andere weisen darauf hin, daß pseudo-religiöse Grundtöne der Werbung selbst jeden Anklang an echte transzendente Werte verbiete. So betont *Künneth,* „daß hinter der Werbung als ihr geistiger Hintergrund,

---

[129] *Walter Bodmer:* Auf der Suche nach neuen gesellschaftlichen Leitbildern, in: Schweizer Monatshefte, Bd. 52 (1973), S. 255.
[130] *Wolfgang Schmidbauer:* Homo consumens. Der Kult des Überflusses. Stuttgart 1972, S. 79.

B. Hauptsächliche Vorwürfe gegen die Offensivwerbung

Übersicht 26

Offensivwerbung und Leitbilderprägung

Die Überbetonung materieller Werte, die verfälschende Umdeutung personaler Werte und die Tabuisierung transzendenter Werte führt zu

1. Druck auf den einzelnen, der sich der offensivwerblichen Wertnorm nicht unterordnet („Konsumterror")

2. Antrieb und Zwang, mehr zu verdienen, um mehr verbrauchen zu können und um so vermeintlich höhere Werte zu erlangen

3. revolutionärer Bewegung hin auf eine Gleichmacherei der Einkommensbezüge und des Vermögensbesitzes

4. Verlust des Empfindens für Personwerte in ihrer Form als soziale Werte, vor allem Blindheit für die Umweltzerstörung

Die Offensivwerbung *prägt,* von niemanden kontrolliert, ganz wesentlich die *Leitbilder* der einzelnen und der Gruppen

---

als Leitmotiv, ein säkulares, rein diesseitiges, materielles Zukunftsbild auftaucht. Dieses Zukunftsbild verspricht, daß die Lebenserfüllung und die Befriedigung aller menschlichen Wünsche durch den Sieg der Werbung gewährleistet und garantiert werden. Damit wird die Entstehung eines ‚Wirtschaftsparadieses' proklamiert, an dem jeder Mensch, wenn er der Werbung folgt, Anteil gewinnen kann. Das Zukunftsbild stellt die Möglichkeit einer ‚Verbrauchssättigung', die große, reiche, unerschöpfliche Welt des ‚Amerikanismus', vor Augen. Das Ergebnis aber ist letztlich die Bedrohung des Sinnes der Wirtschaftswerbung, indem sie den Weg für eine ‚Religion' der unbegrenzten Verbrauchssteigerung bereitet[131]."

4. Zusammenfassend läßt sich sagen, daß die Offensivwerbung durch das Überbetonen materieller Werte und durch die ständige Umdeutung geistiger Werte in rangmäßig niedrigere Sachwerte *das Wertfühlen* der einzelnen und damit der gesellschaftlichen Gruppen *auf ganz gefährliche Weise verbildet.* Die subjektiv empfundene Werthierarchie wird „einseitig verformt auf die materiellen Interessen der Werbungstreibenden. Die umfangreichen Werbemittel stehen denen nur zur Verfügung, die den Menschen zum Konsum veranlassen wollen[132]". Es *prägt*

---

[131] *Walter Künneth:* Werbung und Ethik, S. 12.

die Offensivwerbung, von niemanden kontrolliert, *ganz wesentlich die Leitbilder der Gesellschaft*. Mehr denn Elternhaus, Schule, Kirchen, politische Parteien oder andere gesellschaftliche Gruppen bestimmt heute die Offensivwerbung die Zielvorstellungen der Menschen in den lebenswichtigen Bereichen. Darin liegt ein schwerer Verstoß gegen das Gesellschaftsprinzip (siehe Übersicht 8), aber auch gegen das Wohlfahrtsprinzip (siehe Übersicht 9), weil das *Zielgut* der Gesellschaft nach und nach, schleichend und unauffällig, *umgedeutet* und verfälscht *wird*.

III. Volkswirtschaftliche Einwände

Durchblickt man die werbekritische Literatur hinsichtlich der rein volkswirtschaftlichen Anschuldigungen, so tauchen zwei Vorwürfe in jedem Falle und immer wieder auf. Es ist dies einmal der Einwand, daß die Offensivwerbung Verschwendung sei. Zum andern wird die Offensivwerbung beschuldigt, daß sie nicht etwa den leistungsfähigsten Anbieter begünstige, sondern vielmehr jenen mit dem größten Präferenzsockel, daß sie mit anderen Worten also den Monopolgrad erhöhe. Beide Einwände seien näher erläutert und auf ihre Berechtigung hin untersucht.

1. Verschwendung

1. Unter *Verschwendung* (Vergeudung) versteht man allgemein ein Handeln gegen das wirtschaftliche Prinzip (Sparprinzip). Das *Sparprinzip* gilt überall dort, wo irgend ein Ziel nur durch Bezwingung eines Hindernisses zu erreichen ist (wie etwa beim Bergsteiger, Politiker, Feldherrn, Arzt, Erzieher oder Seelsorger); es fordert die Zielerreichung mit den geringst möglichen Aufwendungen[133]. Im Bereich der Wirtschaft ist das *Ziel* generell die Produktion von Waren und Dienstleistungen. Die Forderung des Sparprinzips lautet hier, die Güter mit dem Minimum an Aufwendungen bereitzustellen. — Das Sparprinzip ist ein bloßer *Durchführungsgrundsatz*. Es sagt überhaupt nichts darüber aus, *was*, welcher Gegenstand, als Ziel erreicht werden sollte. Ebenso wenig hat das wirtschaftliche Prinzip mit den Gründen zu tun, also mit dem, *warum* ein Ziel angestrebt wird. Dies wird allzu oft übersehen. Aus Übersicht 27 ist zu erkennen, daß sich das Sparprinzip auf die verschie-

---

[132] *Walter Kerber:* Manipulierung des Menschen durch die Werbung?, S. 325. Siehe auch in ähnlichem Sinn *Wilhelm Dreier:* Funktion und Ethos der Konsumwerbung, S. 223 ff.

[133] Siehe hierzu *Gerhard Merk:* Programmierte Einführung in die Volkswirtschaftslehre. Bd. 1: Grundlagen. Wiesbaden 1973, S. 61 f. sowie tiefergehend *Heinrich Dietzel:* Theoretische Socialökonomie. Erster Band: Einleitung. Leipzig 1895, S. 175 ff.

densten Gegenstände beziehen und die unterschiedlichsten Motive[134] decken kann. Ein jeder Durchführungsgrundsatz ist vom Was und Warum zu unterscheiden. Der Grundsatz nur eigennützigen Handelns beispielsweise vermag sich in vielen Bereichen (wie in der Liebe, dem Beruf oder gar dem Spiel) zu zeigen und mag zahlreiche Ursachen — für sich allein oder vermischt — haben (wie Aggressivität, Ichschwäche oder Neid).

Übersicht 27

Wesen des wirtschaftlichen Prinzips (Sparprinzips)		
Wie?	Was?	Warum?
nach dem Sparprinzip	Bergbesteigung Zigarettenkauf Nächstenhilfe	Ehrgeiz Sucht Gewissenspflicht

2. Der Vorwurf der Verschwendung gegen die Offensivwerbung wird in mindestens *fünffacher Hinsicht* erhoben. Erstens wird die Offensivwerbung beziehen, daß sie knappe Produktionsfaktoren verschleudere; zweitens, daß durch sie alle Güter teurer würden; drittens, daß sie zum Nutzenverlust vieler noch durchaus brauchbarer Güter führe; viertens, daß sie gesundheitsschädigenden Konsum fördere und schließlich, daß durch ihre Aussagen Güter in höherem Maße verbraucht würden als dies nötig sei. Jeder dieser Beschuldigungen sei im folgenden nachgegangen.

3. Die Offensivwerbung beansprucht in jedem Falle nur begrenzt verfügbare Produktionselemente (nämlich Arbeit, Werkstoffe, Betriebsmittel und Management). Diese Aufwendungen für knappe Produktionsfaktoren sind dazu noch ziemlich hoch; sie betragen in entwickelten Industriewirtschaften mindestens 1 % des Volkseinkommens[135]. Andrerseits führt der Faktoreinsatz zu einem Gut, das — wie bereits zuvor dargelegt — vom Standpunkt der Ethik aus betrachtet unerwünscht und das volkswirtschaftlich gesehen unnötig ist: nämlich zur offensivwerblichen Botschaft (siehe Übersicht 5). Insofern widerspricht

---

[134] Motiv im Sinne von Ursache, Beweggrund, Antrieb; siehe zu den verschiedenen Bedeutungen des Begriffes *Gerhard Merk*: Wissenschaftliche Marktforschung. Berlin 1962, S. 137 f.

[135] Zum Begriff Volkseinkommen siehe *Alfred Stobbe*: Volkswirtschaftslehre I. Volkswirtschaftliches Rechnungswesen. 4. Aufl., Berlin—Heidelberg—New York 1976, S. 95 ff.

nun die Offensivwerbung genauer dem Sparprinzip, als knappe Faktorleistungen der Erstellung begehrter Güter entzogen werden. Damit ist der Tatbestand der Vergeudung gegeben[136]. Zusätzlich hat diese Verschwendung noch sozioökonomische Folgen, die *Walter Wittmann* so kennzeichnet: „Wenn man die geistlose und geisttötende Reklame, zum Beispiel für Genußmittel, Kosmetika, oder, noch schlimmer, Waschmittel hört oder sieht, so muß man sich doch fragen, ob die Massenmedien nichts Besseres oder Wichtigeres zu senden haben. Zahlreiche Menschen in den Sendeanstalten und in der Wirtschaft *vergeuden ihre Kräfte*, um ihre gemeinsamen Kunden *mit banalen Darbietungen zu belästigen*, während gleichzeitig gesellschaftliche Probleme von brennender Aktualität deshalb nicht zum Zuge kommen, weil sie keine Einnahmen einbringen oder nicht die besseren Sendezeiten erhalten[137]."

4. Aus der Tatsache, daß das Bedrucken von Papier oder das Belegen von Sendezeit durch die Offensivwerbung zu Aufwendungen führt, denen ein von der überwiegenden Mehrheit nichtbegehrtes Gut gegenübersteht, folgt ein zweites Argument. Eine Grundaussage der Nationalökonomik besagt, daß Angebot, Nachfrage und Preis miteinander in Beziehung stehen. Regelmäßig führt eine Erhöhung der Nachfrage bei gleichem Angebot zu einer Preissteigerung. Die Beanspruchung knapper Produktionsfaktoren durch die Offensivwerbung führt nun aber zu einer Steigerung der Nachfrage und damit zu einer Verteuerung der Preise auf dem Faktorenmarkt. *Lebensnotwendige* Güter werden daher *teurer*. Anders ausgedrückt entzieht die Offensivwerbung dem knappen Faktorenmarkt einen Teil des Angebots. Dadurch steigen die Faktorpreise. Die Nachfrager nach Produktionsfaktoren zum Zwecke der Herstellung lebensnotwendiger Güter haben höhere Preise zu bezahlen[138]. Deswegen sind auch die Endpreise der Güter teurer. Um Verschwendung handelt es sich auch hier, weil das Minimum an Aufwendungen zur Herstellung lebensnotwendiger Güter nicht erreicht wird.

5. Nutzen wurde bereits als die Eigenschaft definiert, um derentwillen ein Wirtschaftgut von einem Konsumenten begehrt wird. Es handelt sich hierbei also um die subjektive Beziehung eines Menschen zu einem Gut[139]. Die Offensivwerbung erreicht nun, daß der Nutzen vieler Güter

---

[136] „Daß aber exzessive Konkurrenzwerbung eine Fehllenkung der gesamtwirtschaftlichen produktiven Kräfte bedeuten kann, steht außer Zweifel" (*Erich Gutenberg*: Grundlagen der Betriebswirtschaftslehre. Band 2: Der Absatz. 14. Aufl., Berlin—Heidelberg—New York 1973, S. 419).

[137] *Walter Wittmann*: Der unbewältigte Wohlstand, S. 77.

[138] Siehe auch *John Kenneth Galbraith*: Wirtschaft für Staat und Gesellschaft. München—Zürich 1974, S. 166.

[139] Siehe *Gerhard Merk*: Mikroökonomik. Stuttgart 1976, S. 32 ff. zur Nutzenmessung.

sinkt, obzwar sie noch objektiv, technisch betrachtet, durchaus brauchbar und funktionsfähig sind. Man spricht hier von *psychologischer Obsoleszenz*[140]. *Emil Küng* kennzeichnet diese Auswirkungen der Offensivwerbung mit folgenden Sätzen: „Auf der einen Seite stachelt sie den Wunsch an, die angepriesenen schönen und neuen Dinge zu bekommen und zu haben. Dadurch entwertet sie in unserem Urteil den Nutzen jener Gegenstände, über die wir bereits verfügen. Es sind insbesondere die älteren und gebrauchten Güter, die in dieser Weise einer ‚psychologischen Obsoleszenz' ausgesetzt sind, einer künstlichen ‚Veraltung' also, die nicht vorkäme, wenn wir nicht immerfort mit Anreizen überflutet würden, Neues zu erwerben. Auf der anderen Seite schafft derselbe Tatbestand so etwas wie eine synthetische Unzufriedenheit. Es wird uns in den verlockensten Farben vordemonstriert, welche Genüsse uns die Erfüllung von Wünschen eintragen würde, deren Realisierung wir uns bisher nicht leisten konnten, und es wird uns dadurch mittelbar zum Bewußtsein gebracht, wie groß der Abstand ist zwischen dem, was wir haben, und dem, was zu einem glücklichen Leben anscheinend noch erforderlich wäre. Es ist wohl kaum zu bestreiten, daß diese beiden Einwirkungen der Reklame dazu angetan sind, *das Sozialprodukt* zwar nicht im statistischen, wohl aber im psychischen Sinne *zu entwerten* und insofern die menschliche Wohlfahrt zu reduzieren[141]." Auch hier handelt es sich eindeutig um Verschwendung. Denn mit knappen Produktionsfaktoren hergestellte Güter kommen vorzeitig außer Gebrauch. An deren Stelle müssen, abermals durch den Einsatz nur begrenzt verfügbarer Faktoren, neue Güter produziert werden. Die Güterversorgung mit den geringst möglichen Aufwendungen wird so vereitelt und dem Sparprinzip *tout à fait* entgegengehandelt.

6. Eine besondere Art der Verschwendung liegt in der Anregung *gesundheitsschädigenden Konsums* durch die Offensivwerbung. Stehen doch im Mittelpunkt offensivwerblicher Kaufappelle nach wie vor immer noch alkoholische Getränke und Tabakfabrikate, vor allem Zigaretten. Die Auswertung des Verbrauchs dieser Güter widerspricht in doppelter Hinsicht dem Sparprinzip.

(a) Die Beanspruchung knapper Produktionsfaktoren für die Herstellung von Alkoholika und Tabakfabrikaten erhöht die Nachfrage auf dem Faktorenmarkt. Wegen des dadurch gestiegenen Preisniveaus müssen auch für lebensnotwendige Güter höhere Preise bezahlt werden.

---

[140] Siehe zur genaueren Begriffsbestimmung und Unterscheidungen in Arten *Thomas M. Garrett:* An Introduction to Some Ethical Problems of Modern American Advertising, S. 167 ff.
[141] *Emil Küng:* Die „geheimen Verführer", in: Schweizer Monatshefte, Bd. 51 (1972), S. 872 f. Siehe auch *ders.:* Wohlstand und Wohlfahrt. Von der Konsumgesellschaft zur Kulturgesellschaft. Tübingen 1972, S. 121 f.

Die Nichtraucher und die Abstinenten müssen so auf alle Fälle den „Genuß" der Raucher und Trinker mitbezahlen.

(b) Ohne Zweifel sind die beiden genannten Produktgruppen „Ungüter", nämlich solche Waren, die dem Menschen bei weitem mehr Nachteile denn Vorteile bringen. Der Absatz dieser Ungüter bringt zwar den Oligopoliden hohen Gewinn und dem Fiskus eine reiche Steuereinnahme, sofern Alkoholika und Tabakfabrikate besteuert werden. Der Verbrauch dieser Ungüter führt aber andrerseits zu unübersehbaren sozialen Nachteilen. Die Aufwendungen der Gesellschaft für „Anti-Ungüter" wurden bis auf 8 % des Volkseinkommens geschätzt. Solche Anti-Ungüter sind beispielsweise die Hospitalisierung der allein der der BRD jährlich etwa 20 000 an Raucherkrebs frühzeitig sterbenden Personen, oder die lebenslange Versorgung jener etwa 6000 im Alkohol gezeugten Menschen, die in jedem Jahr als Mißgeburten auf die Welt kommen. Deren Pflege allein in den beiden ersten Lebensjahren kostet jährlich pro Kind etwa 100 000 DM, sodaß hier in jedem Jahr neu Aufwendungen von 600 Mio DM hinzutreten[142]. Die *Offenlegung* dieser eindeutigen Verschwendung knapper Produktionsfaktoren wird mit allen Mitteln *unterdrückt*, nicht zuletzt auch deswegen, weil die Massenmedien auf die Aufträge der Offensivwerbung angewiesen sind. Als bedenklich (wenn nicht gar als die große Heuchelei der Zeit) muß es jedenfalls gelten, daß der minimen Gruppe Rauschgiftabhängiger allerwärts soziale Diskriminierung gilt, die Nikotinsüchtigen und Alkoholiker hingegen geduldet und entschuldigt werden. Jenen rechnet man vor, was ihre Drogensucht die Gesellschaft koste, bei diesen verweist man auf die hohen Steuereinnahmen des Staates und verschließt bewußt vor allem anderen die Augen. Jene werden aufgebracht zu Verschwender gestempelt, diese allenfalls verständnisvoll als Genießer veruzt. Jene werden als nicht-sozialisierbare Außenseiter verfemt und kriminalisiert, diese als frohe und gesellige Mitmenschen eingeschätzt — und genau das hämmern die offensivwerblichen Botschaften pausenlos ein: wer trinkt, ist froh; wer raucht, ist ein geselliger Mensch. Wer also nicht trinkt, ist ein Sauertopf; wer nicht raucht, ist ein ungastlicher Gesell. Die offensivwerbliche Imageverbreitung verstärkt so mit jedem Tag die volkswirtschaftliche Verschwendung, welche der Massengebrauch der Ungüter nach sich zieht. Die Macht des „Alkohol- und Tabakkapitals" über die heutigen Menschen ist deshalb so gefährlich, weil dieser Einfluß *den wenigsten bewußt* ist und es nur wenigen möglich scheint, das Bewußtsein von dieser Macht im Publikum zu wecken. Dabei steht gerade diese Art der Verschwendung eindeutig gegen das

---

[142] Nach *Bernfried Leiber*: Embryopathisches Alkoholismus-Syndrom in Tausenden von Fällen übersehen!, in: Medizin, Zeitschrift für Diagnose und Therapie, Bd. 4 (1976), S. 1371.

Personprinzip, gegen das Gesellschaftsprinzip, gegen das Gerechtigkeitsprinzip und dazu auch gegen das Wohlfahrtsprinzip (siehe Übersicht 12).

7. Dem Sparprinzip widerspricht es schließlich auch, wenn ein Gut *mehr verwendet* wird, als dies zur Erreichung des angestrebten Zieles nötig ist. Offensivwerbliche Botschaften enthalten nicht selten mittelbar oder gar unmittelbar Empfehlungen zur Verschwendung in diesem Sinne. „Da wird Verschwendung zum Prinzip. Die Hälfte der empfohlenen Menge von Waschpulver, Zahnpaste, Schaumbädern, Haarwaschmitteln würde ihren Zweck fast immer ebensogut erfüllen. Da aber die Werbeprospekte Homo consumens versichern, es sei in *seinem* Interesse, möglichst viel zu verbrauchen, tut er das willig. Von einer Flut tendenziöser Informationen überschwemmt, hat er längst verlernt, den eigenen Sinnen, der eigenen Erfahrung zu vertrauen[143]." Den Umweltschützern sind seit Jahren vor allem die Überdosierungs-Empfehlungen der Waschmittelhersteller ein Dorn im Auge. Vorbildlich schritt hier in der BRD der Gesetzgeber mit dem „Gesetz über die Umweltverträglichkeit von Wasch- und Reinigungsmitteln (Waschmittelgesetz)" vom 23. August 1975 (BGBl. I/75, S. 2255) ein. Das Gesetz verpflichtet die Wasserwerke, mindestens einmal jährlich den Härtegrad des abgegebenen Wassers öffentlich bekanntzugeben. Andrerseits müssen die Waschmittelpackungen auf den jeweiligen Härtegrad bezogene Dosierungsanweisungen enthalten. Zudem erläßt das Gesetz Vorschriften über die Abbaubarkeit und über die Höchstmengen bestimmter Waschmittel-Inhaltsstoffe mit dem Ziel einer Verminderung der Gewässerbelastung durch Wasch- und Reinigungsmittel. Solcherlei Gesetze sind durchaus geeignet, einer Verschwendung infolge offensivwerblich geförderten Übergebrauchs Einhalt zu gebieten.

8. Die Durchsicht der fünf genannten Arten der Verschwendung hat gezeigt, daß der Vorwurf einer Vergeudung gegen die Offensivwerbung zu Recht besteht. Die offensivwerbliche Verschwendung läuft in mehrfacher Weise dem Sparprinzip zuwider. Der von der Offensivwerbung bewußt ausgeweitete Verbrauch gesundheitsschädigender Produkte verletzt das Personprinzip und das Gesellschaftsprinzip. Alle der aufgezeigten Verschwendungsarten verstoßen auch eindeutig gegen das Wohlfahrtsprinzip, weil versteckt und schleichend Einfluß auf das Zielgut der Gesellschaft ausgeübt wird.

2. Beschränkung des Wettbewerbs

1. Zur Erhaltung seines Lebens ist ein jeder Mensch ununterbrochen auf die Verwendung der Güter angewiesen. In der menschlichen Natur liegt deutlich und unverkennbar eine *existenznotwendige Gebundenheit*

---

[143] *Wolfgang Schmidbauer:* Homo consumens, S. 78.

an die Güter. Anders gesehen besitzen alleinig Güter die Kraft, den Menschen überhaupt im Dasein zu erhalten. Aus dieser *ökonomischen Ausgangstatsache*[144] — sie zu erklären ist Sache der Philosophie und Theologie — leitet sich die Notwendigkeit ab, ständig Güter bereitzustellen. *Güter* sind dabei Mittel, die zur Bedürfnisbefriedigung geeignet sind. *Bedürfnis* bedeutet das Erlebnis eines Mangels, verbunden mit dem Antrieb zum Ausgleich der dadurch entstandenen Spannung. *Bereitstellen* heißt, alle zur Befriedigung der Bedürfnisse notwendigen Schritte einschlagen; gemeint ist mithin die Gewinnung von Naturstoffen, deren Umformung und Veredelung durch Bearbeitung sowie Verarbeitung, aber auch der Transport der fertigen Güter an die Nachfrager (*Produktion* im weiteren Sinne).

2. Neben der Gebundenheit eines jeden Menschen an die ständige Verwendung von Gütern gilt es zwei andere Tatsachen zu erkennen. Erstens sind die Naturgaben auf einen gegebenen Vorrat begrenzt, sie sind in nur unzureichender Menge vorhanden. Die Ökonomik spricht hier vom *Grundsatz der Güterknappheit*. Zweitens ist die Umwandlung der Naturgaben in unmittelbarer zur Bedürfnisbefriedigung geeignete Güter auch noch mit Mühe verbunden. Diese ruft beim Menschen eine Unlust, ein Widerstreben („Arbeitsleid") hervor. Denn er muß einem vorherrschenden Wunsch nach Vermeidung von Anstrengungen entgegenhalten. Dazu muß er sich auf einen fremden Gegenstand bewußt hinordnen, wobei er dann an die dem Objekt innewohnenden Regeln gebunden ist. Die Ökonomik nennt all dies den *Grundsatz vom Arbeitsleid*. Der Grundsatz vom Arbeitsleid folgt nicht notwendig aus dem Grundsatz der Güterknappheit oder umgekehrt, wie man zunächst annehmen möchte. Beide Gegebenheiten zu erklären ist auch hier wieder Sache der Philosophie und Theologie. — Aus dem ersten Grundsatz läßt sich nun erkennen, daß gewirtschaftet werden muß. Stets gilt es, über knappe Mittel, über nicht in beliebiger Menge verfügbare Dinge zu disponieren. Der zweite Grundsatz gebietet, die benötigten Güter mit dem Minimum an Mühe und Aufwand bereitzustellen. Diese Handlungsmaxime kennzeichnet das bereits zuvor erklärte *Sparprinzip* (siehe Übersicht 27).

3. Wie kann das Ziel des Wirtschaftens am bestmöglichsten erreicht werden? Welche Vorkehrungen sind zu treffen, damit die Bereitstellung der Güter stets unter Beachtung des Sparprinzips geschieht? Die Ökonomik bezeichnet als das bei weitem wirksamste Mittel zu sparsamster Güterbereitstellung den Wettbewerb, die Konkurrenz. *Wettbewerb* meint generell, daß sich zwar mehrere um ein Ziel bemühen. Jedoch wird

---

[144] Siehe *Gerhard Merk:* Grundlehren der Nationalökonomik, Bd. 1. Frankfurt 1975, S. 12 (Taschenbücher für Geld, Bank und Börse 63).

dieser Endpunkt nur von dem Besten oder den Besten erreicht. Urbild der Konkurrenz ist wohl der Sport. Viele messen hier vergleichend ihre Kräfte im Spiel. Derjenige ist Sieger auf der Kampfbahn, der als erster das Ziel erreicht. Wettbewerb scheint eine das Zusammenleben der Menschen wesentlich gestaltende Antriebskraft zu sein. Wir finden die Konkurrenz daher in vielen sozialen Bereichen. Wettstreit um die Zuneigung eines Menschen kennen viele aus eigener (leidvoller) Erfahrung, andere zumindest aus Liebesgeschichten im Fernsehen. Ausschreibungen bewirken, daß Musiker, Architekten und Wissenschaftler wetteifern, um einen Preis zu erlangen. Der Fortschritt von Wissenschaft und Kultur ist ohne Wettstreit schon garnicht denkbar, wobei der angestrebte Preis in der Mehrheit der Fälle in höherem gesellschaftlichen Ansehen besteht. Abgeordnete bemühen sich um die Wette, die Wähler zur Stimmabgabe für sich zu bewegen. Allgemein findet Aufstieg in jedem Sozialgebilde (wie Betrieb, Partei, Kirche) unter Wettbewerbskriterien statt. In all diesen Fällen lassen sich des näheren *drei* wesentliche *Wirkungen* des Wettbewerbs erkennen. Erstens werden viele einzelne in Erwartung einer Belohnung angeregt, auf das Ziel zuzugehen; es ist dies die *Anspornfunktion* der Konkurrenz. Zweitens läßt sich aus dem Ergebnis des Wettbewerbs objektiv feststellen, wie ein Ziel am günstigsten zu erlangen ist; man spricht hier von der *Bestimmungsfunktion* des Wettbewerbs. Drittens aber führt Wettbewerb auch zu einem Sieger und bezeichnet damit denjenigen, der das gesetzte Ziel am bestmöglichsten erreichen kann; es ist dies die *Auslesefunktion* der

Übersicht 28

Wesen und Aufgabe des Wettbewerbs

Wettbewerb (Konkurrenz) bedeutet, daß sich mehrere um die Erreichung eines Ergebnisses bemühen, jedoch nur einer (einige) an dieses Ziel gelangen. Wettbewerb hat eine

1. *Anspornfunktion:*
   viele, die zur Erreichung eines Zieles grundsätzlich fähig sind, werden zur Höchstleistung angeregt

2. *Bestimmungsfunktion:*
   objektiv läßt sich aus dem Ergebnis des Wettbewerbs feststellen, wie ein Ziel am bestmöglichsten erreichbar ist

3. *Auslesefunktion:*
   derjenige, welcher das gesetzte Ziel am bestmöglichsten erreichen kann, wird aus einer Vielzahl von anderen ausgesucht

Konkurrenz. Gerade bei der Güterbereitstellung ist es wichtig, alle drei Konkurrenzwirkungen zu nutzen. Der Wettbewerb bewirkt dann von selbst, daß die Gesellschaft alle erstrebten Güter auf die günstigste Weise erhält. Die Konkurrenz dirigiert gleichsam über ständigen Ansporn und fortlaufende Auslese das Wirtschaften; man spricht daher auch häufig von der *Lenkungsfunktion des Wettbewerbs.* Gekauft wird am Ende nur bei jenen Anbietern, die im Wettbewerb an der Spitze lagen: die Güter mit den geringsten Aufwendungen bereitstellen und somit besonders preiswert verkaufen können[145].

4. Die Wirksamkeit der wettbewerblichen Lenkungsfunktion setzt voraus, daß die Marktteilnehmer den Leistungsfähigsten auch erkennen. Es ist mit anderen Worten die *Marktübersicht* (Markttransparenz: siehe Übersicht 2, Zeile 5) zur Durchsetzung der Wettbewerbsfunktionen notwendige Bedingung (siehe Fußnote 69). Gerade diese Marktübersicht verhindert jedoch die Offensivwerbung mit voller Absicht. Nicht der an der Spitze liegende Anbieter kommt zum Zuge. Vielmehr steigert jenes Unternehmen seinen Absatz und zieht Käufer von seinen Konkurrenten ab, das sich durch offensivwerbliche Maßnahmen *den Ruf* eines qualitätsmäßig erstklassigen und preislich besonders günstigen Anbieters verschafft. Die Lähmung des Wettbewerbs führt zwangsläufig zu dem bereits beschriebenen offensivwerblichen Schaukelstuhl-Effekt; sein Ziel ist die Erweiterung des eigenen akquisitorischen Potentials. „Die intensive Werbung durch eine Firma zwingt daher auch die anderen früher oder später zu ähnlichen Anstrengungen, falls sie am Markt bleiben wollen. Es verhält sich damit ähnlich wie mit der Aufrüstung: Wenn eine Großmacht ihre militärische Schlagkraft erhöht, müssen es fast notgedrungen auch die anderen tun, falls das Gleichgewicht bewahrt werden soll. Hier wie bei der Reklame führt dies jedoch zu einer Aufblähung von Kosten, die wohlstandspolitisch für die Gesamtheit durchaus negativ zu werten ist. Würden statt der verstärkten Werbung die Preise ermäßigt, so zögen die Konsumenten daraus unzweifelhaft einen Gewinn. So aber werden sie lediglich mit Anpreisungen der verschiedenen Konkurrenten überflutet, deren Nutzen fragwürdig ist. Während also die Preiskonkurrenz jemanden zum Vorteil ausschlägt, kann dies für eine entfesselte Reklamekonkurrenz nicht ohne weiteres behauptet werden — es sei denn, wir hätten den Interessenstandpunkt des graphischen Gewerbes und der Reklamefachleute im Auge[146]."

---

[145] Zur ethischen Dimension der Konkurrenz siehe *Nicolaus Schüren:* Zur Lösung der socialen Frage. Eine volkswirtschaftliche Studie. Leipzig 1860, S. 1 ff. sowie S. 34 ff. und hierzu *Gerhard Merk:* Volkswirtschaftslehre und Katholische Sozialtheorie, in: Zeitschrift für evangelische Ethik, Bd. 11 (1967), S. 270 ff.

[146] *Emil Küng:* Wirtschaftspolitische Gegenwartsfragen, S. 217.

5. Ist ein Markt (wie etwa bei Waschmitteln, Benzin oder Zigaretten) nur noch durch sich hochschaukelnde Offensivwerbung gekennzeichnet (siehe Übersicht 5) und jeder echte Wettbewerb (siehe Übersicht 28) erstickt, dann ist der Eintritt neuer, objektiv leistungsfähigerer Anbieter unmöglich. Die Offensivwerbung hat hier eine *Marktausschließungsfunktion*. Neue Konkurrenten kommen nicht zum Zuge, weil sie die extrem hohen Werbeausgaben nicht aufbringen können. Die Folge davon ist, daß die Gesellschaft die Güter teurer bezahlen muß, als dies bei funktionierendem Wettbewerb möglich wäre. Dies verstößt eindeutig gegen das Wohlfahrtprinzip und zudem auch gegen das Gerechtigkeitsprinzip (siehe Übersicht 12).

Dritter Teil

Wege zur Einschränkung der Offensivwerbung

1. Trügerisch dünkt die nicht selten geäußerte Zuversicht, daß die sozialschädigenden Wirkungen der Offensivwerbung (siehe Übersicht 5) mit der Zeit schon geringer würden. Denn es sind keinerlei Anzeichen dafür vorhanden, daß die Werbung aus sich heraus weniger an Lüge und Manipulation in sich fassen wolle, geringer verschwenderisch und konzentrationsfördernd wirken werde oder sich in ihrem Einfluß auf Sprache, Denken und die Zielvorstellungen der Gesellschaft mäßigen möchte. Im Gegenteil: es wurde klar und erkennbar aufgewiesen, daß Kräfte vorhanden sind, welche die Offensivwerbung immer weiter ausufern lassen. Die Werbemaßnahmen der Konkurrenz müssen bei oligopoliden Unternehmen (siehe Übersicht 3 sowie Übersicht 5, Zeile 1) durch den verstärkten Einsatz eigener werblicher Vorkehrungen kompensiert und obendrein überboten werden[1]. Offensivwerbung hat also einen *endogenen Expansionseffekt:* sie neigt aus sich heraus zu immer weiterer Ausdehnung und Steigerung. Zu ihrer Eindämmung bedarf es also besonderer Maßnahmen. Unter *Maßnahme* ist dabei der planmäßige, vorbedachte Einsatz von Mitteln (Instrumenten) zur Erreichung eines Zieles zu verstehen.

2. Überblickt man die vorgeschlagenen Maßnahmen zur Beschränkung der Offensivwerbung, so werden die Verbraucheraufklärung, die Anti-Werbung, Reklamesteuern, grundsätzliche Werbeverbote, mehr aber noch eine Selbstkontrolle oder gar eine staatliche Aufsicht empfohlen.

(a) Eine *Verbraucheraufklärung* hinsichtlich der Offensivwerbung „kann am besten dadurch geschehen, daß er (der Verbraucher, G. M.) ihre Methoden und Eigengesetzlichkeiten kennenlernt. Manipulation ist dann schon viel schwerer möglich, wenn die Manipulationsmethoden durchschaut werden. Die ‚geheimen Verführer' sind dann um vieles weniger gefährlich, wenn der Schleier des Geheimnisvollen zerrissen ist. Hier stellen sich konkrete pädagogische Aufgaben: Es sollte im Aus-

---

[1] Siehe auch *Peter A. Wagner:* Der Markt als Ausgangsdatum der Werbeplanung. Berlin 1968, S. 102 ff.

Dritter Teil: Wege zur Einschränkung der Offensivwerbung 93

bildungsplan junger Menschen auch eine Sparte geben, durch die ihnen die Grundkenntnisse moderner Werbetechnik nahegebracht werden. Dadurch könnte eine Immunisierung des Menschen, der als Verbraucher zum Objekt der Werbung wird, erreicht und die Widerstandskraft gegen alle Versuche von Manipulation gestärkt werden[2]." So einleuchtend dieser Vorschlag auch erscheint: seine Verwirklichung ist nahezu ganz unmöglich. Nicht daß in den Schulen heute noch eine „Ökonomophobie" verbreitet wäre, nämlich ein Widerstreben gegen ökonomische Bildungsgüter[3]. Es fehlt ganz einfach an der Zeit, bei dem vollbefrachteten Stundenplan auch noch die Werbekunde unterzubringen. Haben doch selbst die Oberschulen kaum Muße, die wichtigsten Fächer ausreichend zu behandeln — trotz aller „Reformen" der letzten Jahre[4]. Außerhalb der Schule stehen jedoch die Kommunikationskanäle zu sehr unter dem Einfluß der Offensivwerbung (siehe Übersicht 16), als daß eine Verbraucheraufklärung erwartet werden könnte. Zudem aber ist es bei weitem naheliegender, eine Krankheit in ihren Erregern zu bekämpfen (kausale Therapie), anstatt die Gefährdeten gegen das Übel zu impfen. Verbraucheraufklärung als indirekte Maßnahme scheidet daher als wirksames Gegengewicht wider die Offensivwerbung aus.

(b) Unter *Anti-Werbung* versteht man die Verbreitung von Ergebnissen vergleichender Tests mit der Absicht, den einseitigen Darstellungen der Produzenten objektive Informationen entgegenzusetzen[5]. Auch diese Maßnahme symptomatischer Therapie vermag kaum durchschlagend und erfolgreich eingesetzt zu werden. Kann sie doch — selbst unter günstigsten Bedingungen — immer nur einen beschränkten Kreis von Verbrauchern erreichen. Die Anti-Werbung gleicht damit einem Tropfen auf den glühenden Stein.

(c) Die *Besteuerung* der Offensivwerbung hat zwar den großen Vorteil, eine direkte Maßnahme zu sein. Ihre Wirkung wäre jedoch (von anderen Argumenten einmal ganz abgesehen) gering, weil eine solche Sondersteuer auf jeden Fall überwälzt würde. Die Oligopolide könnten die Sondersteuerlast nämlich leicht auf die Konsumenten abschieben. Eine Fortwälzung oder Vorwälzung der Werbesteuer[6] läßt sich grund-

---

[2] *Ambrosius K. Ruf:* Werbung und Ethik, in: Die Neue Ordnung, Bd. 28 (1974), S. 141.
[3] So noch *Gerhard Merk:* Die Dringlichkeit wirtschaftskundlicher Bildung. Um die Gesundung des homo functionalis. Essen 1965, S. 51; siehe auch S. 65 f.
[4] Siehe hierzu bezüglich der BRD den instruktiven Reisebericht von *Regula D. Naef:* Die Reform der gymnasialen Oberstufe in Deutschland. Bericht einer Studienreise. Zürich 1973 (erhältlich von der Erziehungsdirektion des Kontons Zürich, Pädagogische Abteilung, Referat Bildungsplanung und Bildungsstatistik).
[5] Den Begriff hat *Emil Küng* (Wohlstand und Wohlfahrt. Von der Konsumgesellschaft zur Kulturgesellschaft. Tübingen 1972, S. 117) eingeführt.

sätzlich nicht vermeiden[7]. Es hätten also die Verbraucher am Ende die Werbesteuer zu bezahlen, und zwar jene Steuer, die zu ihrem Schutz geschaffen wurde!

(d) Ein *Verbot* der Werbung würde deren wesentliche Aufgabe, nämlich die Bekanntmachungsfunktion, beeinträchtigen. „So unterrichtet die Werbung über das Angebot von konkurrierenden Produkten und Dienstleistungen oder über die stoffliche Zusammensetzung eines Gutes. Diese Informationsfunktion der Werbung wird wirtschaftspolitisch gefördert, insbesondere deswegen, weil sie die Rationalität der Konsumwahl vergrößert und dadurch auch den Wettbewerb verbessern hilft[8]." Einleuchtend ist lediglich, „daß die Reklame zugunsten von gesundheitsschädlichen Genußmitteln verboten wird[9]." Gerade hiergegen jedoch ist der Widerstand seitens des in allen Landen mächtigen „Tabak- und Alkoholkapitals" am größten.

(e) Was also von den vorgeschlagenen Maßnahmen noch übrigbleibt, sind die Selbstkontrolle und die öffentliche Kontrolle. Unter *Selbstkontrolle* ist dabei die Überwachung der Werbung durch eigene Organe entweder aus der Gruppe der Werbetreibenden oder (und) aus dem Kreis der Auftraggeber zu verstehen. Mit *öffentlicher Kontrolle* meint man die Aufsicht durch Behörden, und zwar direkt durch Amtsträger staatlicher Gewalt, oder durch von der staatlichen (legislativen) Gewalt beauftragte Sachverständige. Auf beide Kontrollarten sei im folgenden näher eingegangen.

A. Selbstkontrolle

I. Ziel, Voraussetzungen

1. Als *formales Ziel* einer wirkungsvollen Selbstkontrolle gilt die Disziplinierung aller Werbetreibenden, in der Regel aller Werbetreibenden innerhalb der Nationalwirtschaft. Es darf keine Werbebotschaft das Publikum erreichen, ohne daß die von der Selbstkontrolle dafür eingerichteten Organe (im voraus) die Werbeaussage geprüft und zur Veröffentlichung freigegeben haben. Das *inhaltliche Ziel* besteht darin, „eine Verschwendung volkswirtschaftlicher Werte, die Zerstörung der Umwelt und die Aushöhlung der allgemeinen Moral[10]" durch die Wer-

---

[6] Siehe zu den Begriffen „Fortwälzung" und „Vorwälzung" ausführlich *Günter Schmölders:* Allgemeine Steuerlehre. 4. Aufl., Berlin 1965, S. 122 sowie ders.: Finanzpolitik. 3. Aufl., Berlin—Heidelberg—New York 1970, S. 366.

[7] Siehe *Richard A. Musgrave:* Finanztheorie. 2. Aufl., Tübingen 1969, S. 176 ff.

[8] *Werner Kroeber-Riel:* Konsumentenverhalten. München 1975, S. 354.

[9] *Emil Küng:* Wohlstand und Wohlfahrt, S. 117.

A. Selbstkontrolle

Übersicht 29

Ziel der Selbstkontrolle
Formales Ziel: alle Werbetreibenden unterwerfen sich einer Selbstdisziplinierung
Materiales Ziel: bestimmte Werbeformen sollen unterdrückt werden

bung zu verhindern. Wir wollen selbst als mündige Bürger anderen Bürgern im Rahmen freiwilliger Selbstdisziplin garantieren, daß die *raison d'être* allen Wirtschaftens, der Verbraucher, auf die Einhaltung solider Grundsätze im Rahmen des werblichen Kommunikationsprozesses vertrauen kann[11]."

2. Als Voraussetzungen für eine funktionierende Selbstkontrolle kann man zweierlei erkennen. Erstens muß eine Übereinkunft der Werbetreibenden untereinander getroffen werden, bestimmte Regeln einzuhalten. Diese Selbstverpflichtung ist die *Normbindung*. Zweitens bedarf es des Einverständnisses der Beteiligten, Verstöße gegen die selbstgesetzten Regeln zu verfolgen und dem einzelnen Fehlbaren auferlegte Strafen anzunehmen. Dies ist die *Sanktionsverpflichtung*. Die Schwierigkeiten praktischer Selbstkontrolle lassen sich bei näherer Überlegung aus den beiden Zielvariationen sowie aus den beiden Bedingungen ableiten. Dabei ist leicht erkennbar, daß die Normbindung und die Fixierung

Übersicht 30

Voraussetzungen der Selbstkontrolle
Normbindung: die Werbetreibenden geloben, bestimmte Regeln zu beachten
Sanktionsverpflichtung: die Werbetreibenden verpflichten sich, Verstöße gegen die selbstgesetzten Regeln zu verfolgen und auferlegte Strafen anzunehmen

---

[10] *Stanley E. Cohen:* Vor einer Selbstkontrolle der Werbung in den USA?, in: Der Markenartikel, Bd. 33 (1971), S. 76.
[11] *Dankwart Rost:* Selbstdisziplin und soziale Verantwortung der Werbung, in: Der Markenartikel, Bd. 35 (1973), S. 191.

materialer Ziele im Grunde die gleichen Fragen aufwerfen. Wir haben es daher mit *drei* grundsätzlichen Problemen zu tun: mit der Selbstdisziplinierung, der Normbindung und der Sanktionsverpflichtung.

II. Schwierigkeiten

1. Selbstdisziplinierung

1. Von einer Selbstdisziplinierung der Werbetreibenden kann erst dann gesprochen werden, wenn *zwei Kriterien* vorhanden sind: Geschlossenheit und Anerkennung der Regeln. *Geschlossenheit* meint, daß sämtliche Werbetreibenden vollständig und ohne Ausnahme sich an der Selbstkontrolle beteiligen wollen. *Anerkennung der Regeln* heißt, daß jeder Werbetreibende allzeit und immerzu die beschlossenen Statuten in sämtlichen Teilen anerkennt.

2. Es dürfte praktisch unmöglich sein, sämtliche Werbetreibenden einer Volkswirtschaft zu einer freiwilligen Zensur ihrer Werbung zu bewegen. Schränkt doch solche Überwachung die Entscheidungen des einzelnen Unternehmens bei einem gerade für die Großen wesentlichen absatzpolitischen Instrument empfindlich ein. Zudem ist vorauszusehen, daß der Beitritt zu solchen Abkommen gerade für Firmen mit Dominanzwerbung (siehe Übersicht 1, Zeile 5) zu Auseinandersetzungen führen muß. Dabei ist zunächst an interinstitutionelle Konflikte zwischen Werbetreibenden und den Organen der Selbstkontrolle zu denken. Solcher Streit führt jedoch von selbst auch zu intrainstitutionellen Konflikten. Es wird innerhalb der Personen in werbetreibenden Firmen zu gegensätzlicher Ansicht darüber kommen, wie allfälliger interinstitutioneller Konflikt vermieden oder bereits eingetretener beigelegt werden kann. Im Bestreben nach Konfliktvermeidung[12] liegt ein zweiter starker Antrieb gegen den Beitritt zu freiwilligen Disziplinierungsabkommen.

3. Die vollständige Unterwerfung unter selbstgesetzte Regeln ist nur dann zu erwarten, wenn solche Vorschriften vage und allgemein gehalten sind, wenn sie zudem auch nicht unmittelbare Grundlage von Sanktionen sind. Vor allem aber werden Statuten, welche die Vorkontrolle von Werbemaßnahmen fordern, nur sehr geringe Aussicht auf Befolgung haben. Hiergegen entsteht begreiflicherweise vor allem der

---

[12] Siehe zum gesamten *Heinz R. Lückert:* Konflikt-Psychologie. Einführung und Grundlegung. 6. Aufl., München 1972. Hinzuweisen wäre hier auch auf bemerkenswerte Parallelen zur „Konzertierten Aktion" in Westdeutschland; siehe *Werner Schmidt:* Der Wandel der Unternehmerfunktion in der Bundesrepublik Deutschland unter dem Einfluß der Konzertierten Aktion. Berlin **1974**, S. 46 ff.

A. Selbstkontrolle

Widerstand jener Unternehmen, die Dominanzwerbung betreiben. Dabei ist nicht einmal die Gefahr der Verzögerung einer Werbeaktion infolge zu langer Vorprüfung seitens der damit betrauten Organe der Selbstkontrolle wichtigster Grund. Schwerer wiegt das Risiko, daß zur Vorkontrolle eingereichte Werbekonzepte nach außen dringen und von Konkurrenten imitiert werden. Andrerseits scheint aber eine Kontrolle *ex post* nicht so sehr dazu beitragen zu können, die Verbraucher gerade vor offensivwerblicher Schädigung zu schützen.

4. Gegen diese Argumentation wird nun eingewendet, daß eine Geschlossenheit bei Selbstdisziplinierungsmaßnahmen bereits tatsächlich erreicht worden sei und auch die Unterwerfung unter selbstgesetzte Regeln anstandslos funktioniert habe. Überdies könne eine Nachkontrolle gleichermaßen wirksam sein wie die Vorkontrolle.

(a) Was hier den ersten Einwand anbelangt, so ist in allen erwähnten Fällen[13] die Geschlossenheit entweder auf Grund relativ schmalen inhaltlichen Zielrahmens (siehe Übersicht 29) oder aber durch gesetzliche Verpflichtung erreicht wurden. — In jedem der vorgetragenen Beispiele der bezüglichen Literatur verpflichteten sich die Werbetreibenden zu einem „lauteren" Wettbewerb in dem Sinne, daß gegen die „guten Sitten" (Generalklausel auch des westdeutschen „Gesetzes gegen den unlauteren Wettbewerb" in § 1) gerichtete oder bestimmte Täuschungspraktiken (siehe §§ 3 ff. des westdeutschen UWG und die umfangreiche Rechtsprechung hierzu[14]) enthaltende Werbebotschaften unterlassen werden[15]. In keinem einzigen Fall wird von den Werbetreibenden verlangt, die in Übersicht 5 näher gekennzeichnete Offensivwerbung einzuschränken, geschweige denn solche zu unterlassen. Es ist also die Geschlossenheit im Sinne der vollständigen Teilnahme aller Werbetreibenden hier nur bei der Einhaltung dieser selbstverständlichen Grundregeln erreicht. Die Vermutung, daß bei einer Ausdehnung der Verpflichtung die Geschlossenheit unerreichbar werde, ist damit *nicht* widerlegt. — In anderen Fällen freiwilliger Selbstkontrolle bilden den Bezugspunkt nicht selbstgesetzte Bestimmungen, sondern gesetzliche Normen mitsamt der daraus hervorgegangenen Judikatur. Dies gilt auch für den „Deutschen Werberat", der (nur aus Vertretern der Werbewirtschaft zusammengesetzt) gegen die Offensivwerbung bisher untätig blieb.

---

[13] Siehe die Schilderung der Selbstkontrollpraxis bei *Eike von Hippel:* Verbraucherschutz. Tübingen 1974, S. 60 ff. sowie ausführlicher bei *Léon Klein:* Verbraucherschutz in der EWG, in: Jahrbuch der Absatz- und Verbrauchsforschung, Bd. 18 (1972), S. 176 ff.
[14] Siehe die Quellen bei *Eike von Hippel:* Verbraucherschutz, S. 58.
[15] Solche Richtlinien („International Code of Advertising Practice") stellte die Internationale Handelskammer in Paris erstmals im Jahre 1937 auf; sie wurden seither verschiedentlich neu gefaßt.

(b) Daß die lückenlose Annahme und Beachtung selbstgesetzter Regeln tatsächlich erreicht worden sei, ist kein triftiges Argument gegen den Verdacht, wonach eine freiwillige Unterwerfung im Falle der Vorkontrolle und bei einem Verbot der Offensivwerbung kaum erwartet werden dürfte. Was an Regeln bisher (so in Belgien, Dänemark, Großbritannien, Frankreich, Schweden, der Schweiz und den Vereinigten Staaten) aufgestellt wurde, übersteigt in keinem Falle das übliche Maß, nämlich die Richtlinien der Internationalen Handelskammer. „Diese sind auch von der deutschen Werbewirtschaft als für sie verbindlich anerkannt worden, haben für die Bundesrepublik jedoch keine vergleichbare Bedeutung wie für andere Länder, weil die dort aufgestellten Grundsätze bereits seit Jahrzehnten geltendes deutsches Recht und fester Bestandteil der Rechtsprechung sind[16]."

(c) Die Vorkontrolle der Werbung ist ohne Zweifel der beste Weg, um schädigende Werbeaussagen jedwelcher Art zu vermeiden. „Aus diesem Grund ist es auch mit Nachdruck zu begrüßen, daß die Werbewirtschaft — hier besonders Industrie und Werbeagenturen — den Aufforderungen des Werberats gefolgt ist, mit Hilfe spezieller Einrichtungen der betriebsinternen Vorkontrolle einen ‚internen Pannendienst' einzurichten, dessen Aufgabe es ist, jede werbliche Äußerung, die das Haus verläßt, auf Wahrheit, Klarheit und Lauterkeit vorzuprüfen und ihre Verbraucherbezogenheit zu verifizieren[17]." Eine externe Vorprüfung durch Organe der Selbstkontrolle würde allerdings in vielen Staaten verfassungsrechtliche Probleme aufwerfen[18]. Es könnte die Vorprüfung jedoch in Form einer vorherigen Raterteilung (im Englischen spricht man vom „preadvice") erfolgen, wie dies bei den Selbstkontrollorganen in England, Frankreich und Dänemark geschieht. Eine Nachkontrolle müßte auf alle Fälle die Verpflichtung enthalten, jede laufende Werbemaßnahme dem Kontrollorgan vorzulegen. Die bloße Zufallsanalyse (wie derzeit offenbar noch beim österreichischen Werberat) oder das Warten auf Beschwerden aus dem Publikum (wie in den USA) ist nicht ausreichend. Statt Vorkontrolle wäre demnach als zweitbeste Lösung eine verpflichtende Nachkontrolle zu akzeptieren.

---

[16] *Uwe Albrecht:* Kontrolle der Werbung?, in: Zeitschrift für Rechtspolitik, Bd. 7 (1974), S. 33.

[17] *Dankwart Rost:* Selbstdisziplin und soziale Verantwortung der Werbung, S. 192.

[18] Siehe hierzu *Uwe Albrecht:* Kontrolle der Werbung?, S. 33 („Zu dem Hinweis auf Vorschläge und konkrete Pläne für die Einführung einer Vorzensur, z. B. auf dem Gebiet der Heilmittelwerbung, ist klarzustellen, daß dies verfassungsrechtlich unzulässig wäre, denn auch Werbeaussagen fallen unter den Schutz des Art. 5 GG, siehe BVerfG, Urteil vom 4. 4. 1967, NJW 1967, 976.").

5. Als Ergebnis der Überlegungen gilt es festzuhalten, daß von wirksamer Selbstdisziplinierung nur dann die Rede sein kann, falls sich alle Unternehmen beteiligen und sich auch den eigengesetzten Richtlinien unterwerfen. Beide Kriterien sind heute zwar bei Selbstkontrollorganen wirklich erfüllt. Aber dort beziehen sich die Regeln auf die Einhaltung „lauterer" Werbung im Sinne des Wettbewerbsrechts. Die Wahrscheinlichkeit verdichtet sich zur Gewißheit, daß im Falle von Verbotsvorschriften der Offensivwerbung die Selbstdisziplinierung zerbräche.

2. Normbindung

1. Normbindung bedeutet, daß sich die Beteiligten verpflichten, einer festgesetzten Richtschnur werblichen Verhaltens zu folgen. Nun hängt jedoch, wie bereits einsichtig wurde, der *Grad der Normbindung* vom *Inhalt der Norm* entscheidend ab. Es ist also hier zu erörtern, welche Norminhalte eine werbliche Selbstkontrolle aufzustellen habe. Welche Art von Werbebotschaften sollte in den Bestimmungen untersagt werden?

2. Aufgrund der Überlegungen im zweiten Teil dieser Studie ist zu fordern, daß jede lügenhafte, jede manipulative, jede gesellschaftliche Zielvorstellungen prägende ebenso wie die verschwenderische und monopolgraderhöhende Werbung untersagt werden muß. Damit wäre die jetzige Werbung der Oligopolide einschneidend betroffen. Sie müßte sowohl in ihrem Inhalt wesentlich geändert als auch in ihrer Intensität erheblich verringert werden. Weil jedoch die Werbung gerade bei oligopoliden Unternehmen die wichtigste Absatzeinflußgröße geworden ist[19], wird der Widerstand gegen jederart wesentliche Beschränkung massiv und vielumfassend. *Praktisch* ist eine auf die Beschneidung der Offensivwerbung gerichtete Normbindung auf freiwilliger Grundlage *nicht* im geringsten zu erreichen.

3. Sanktionsverpflichtung

1. Es sei einmal für den Augenblick unterstellt, daß eine allgemeine Normbindung auf freiwilliger Grundlage wirklich gelänge. Die Offensivwerbung werde dabei verboten. Nun entständen im Falle von Verstößen *drei Aufgaben*. Erstens gilt es, das Mißverhalten durch das Kontrollorgan förmlich festzustellen. Zweitens muß ein Beschluß darüber gefaßt werden, die Übertretung der Normen zu verfolgen. Drittens be-

---

[19] Neben der Werbung sind die Preispolitik, die Produktgestaltung und die Absatzmethode Bestandteile des absatzpolitischen Instrumentariums einer Firma; siehe *Erich Gutenberg*: Grundlagen der Betriebswirtschaftslehre. Zweiter Band: Der Absatz. 14. Aufl., Berlin—Heidelberg—New York 1973, S. 50.

darf es einer Einigung über Strafmaßnahmen. Alle drei Schritte werfen wieder besondere Probleme auf.

2. Die förmliche *Feststellung eines Verstoßes* gegen das Verbot der Offensivwerbung ist an sich nicht allzu schwierig, wenn man sich den Katalog in Übersicht 5 (und hier wieder im besonderen Zeile 5) vor Augen hält. In Anlehnung an solche Kriterien müßte das Selbstkontrollorgan einen detaillierten Merkmalskatalog erarbeiten, der im Einzelfall eine klare Aussage ermöglicht. Was jedoch sachlich einleuchtend und objektiv erkennbar ist, muß noch lange nicht von den Beteiligten auch solcherart anerkannt werden. In den Gremien werden Mehrheitsbeschlüsse die Entscheidung herbeiführen. Eine Mehrheit dürften jedoch im Falle der freiwilligen Selbstkontrolle so oder so die oligopoliden Unternehmen haben, einfach deswegen, weil sie in den Industriewirtschaften die mächtigsten sind. Langwierige, schleppende Diskussionen über die Zuordnung gerügter Offensivwerbung an den Merkmalskatalog werden zunächst die Gremien in langen Sitzungen beschäftigen. Am Schluß wird die Abstimmung ergeben, daß der zu Rede stehende Sachverhalt den Tatbestand nicht erfüllt, daß also ein Verstoß gegen selbstgesetzte Normen nicht vorliegt. Die in der Minderheit befindlichen Angehörigen des Gremiums werden mit der Zeit frustriert: sie legen ihr Amt nieder oder sie passen sich an[20]. Unverständlich ist der Einwand, eine paritätische Zusammensetzung der Selbstkontrollorgane mit Vertretern „der Wirtschaft" und Repräsentanten „der Werbung" könne die geschilderten Dilemma fernhalten. *„Autrefois le rat de ville invita le rat de champs"*, so beginnt eine Fabel von *Jean de La Fontaine*, woran man bei solchem Vorschlag unwillkürlich erinnert wird.

3. Ein Beschluß des freiwilligen Überwachungsgremiums, *den Verstoß* der selbstgesetzten Regeln *zu verfolgen*, wirft im Grunde die gleichen Schwierigkeiten auf. Die Oligopoliden werden alles unternehmen, um diesbezügliche Entscheide hinauszuschieben oder gar zu verhindern.

4. Angenommen, eine Verletzung der Verbotsregeln sei festgestellt und der Beschluß zur Verfolgung gefaßt. Jetzt gilt es, *Sanktionen zu verhängen*[21]. Es sei weiter vorausgesetzt, daß sich das Selbstkontrollorgan auch zu einem Strafbeschluß durchringt, dieser also nicht durch

---

[20] Siehe zur Typik derartiger Verhandlungsabläufe *Anton Stangl - Marie L. Stangl:* Dialektik am Verhandlungstisch. Düsseldorf 1973 sowie *Franz Goossens:* Konferenz- und Verhandlungstechniken. München 1974.

[21] In der Praxis haben sich bei werblichen Selbstkontrollorganen bisher durchgesetzt: a) die Rüge direkt an den Fehlbaren, b) die Publizierung des Strafbeschlusses mit oder ohne Namensnennung, c) der Ausschluß des Übertreters aus den Fachverbänden. Siehe *Horst Schneider:* Selbstkontrolle der Werbung, in: Wettbewerb in Recht und Praxis, Bd. 19 (1973), S. 627.

entsprechende Konferenztaktik verhindert wird. Zu bezweifeln ist nun aber, ob solche Sanktionen von den Betroffenen auch angenommen werden, oder ob sie nicht diesfalls die Sanktionsverpflichtung kündigen und aus der Selbstkontrolle ausscheiden. Aber selbst wenn man die Annahme der Strafe unterstellt, ist noch lange nicht garantiert, daß die offensivwerbliche Botschaft auch eingestellt wird. Denn es ist kein wirksames Mittel vorhanden, das die Unterlassung gewährleistet. Hierzu wird geäußert: „Sehr oft wird der fehlerhafte Einwand vorgebracht, Selbstkontrollinstitutionen der Wirtschaft funktionierten nicht, weil sie keine Mittel nach Art der staatlichen Zwangs-Durchsetzungsmittel hätten. Das ist eine Fehlvorstellung — jeder Werbepraktiker weiß, daß Entscheidungen der nationalen Selbstkontrollorganisationen sehr oft ‚wie ein Fallbeil herunterfallen' und fast immer respektiert werden, ohne daß es plumper und grober Bestrafungsmaßnahmen bedarf. Wer einmal miterlebt hat, welche Wellen Entscheidungen von Selbstkontrollorganisationen schlagen, wird mir zustimmen, daß allein die Entscheidung ausreicht. Diese Erfahrung haben wir nicht nur in Deutschland, sondern in fast allen anderen Ländern feststellen können[22]." Dieser Meinung ist entgegenzuhalten, daß im Falle des Verbots der Offensivwerbung der Nachteil, welcher den Oligopoliden entsteht, (zunächst) derart groß ist, daß sie wahrscheinlich eher Sanktionen in Kauf nehmen, als die Offensivwerbung einzustellen.

III. Beurteilung

Ohne den Anspruch zu erheben, den teilweise vielfach verzweigten und in sich vermaschten Problemen bis ins einzelne nachgegangen zu sein, scheint die abgewogene Bewertung freiwilliger Selbstkontrolle bereits aufgrund des Dargelegten durchaus stichhaltig und einleuchtend. Grundsätzlich ist eine Selbstkontrolle der Werbung zu verwirklichen, wie die Erfahrung in vielen Ländern zeigt. Es ist auch nicht zu bestreiten, daß die freiwillige Kontrolle im großen und ganzen gut funktionierte; zumindest ebenso gut, wie alle anderen Regelungen der Werbekontrolle auch. Fernerhin ist die Selbstkontrolle nach dem maßgebenden Kompetenzprinzip (Subsidiaritätsprinzip; siehe Übersicht 12, Zeile 4) jene Form der Aufsicht, welcher unbedingt den Vorzug einzuräumen ist. Indessen wäre jede denkbare Art und Weise der Selbstkontrolle *überfordert,* falls sich die Normbindung (siehe Übersicht 30) auch auf das Verbot der Offensivwerbung bezöge. Eine Selbstdisziplinierung (siehe Übersicht 29) wäre in diesem Falle kaum erreichbar. Denn der Übergang von der Offensivwerbung als dem dominierenden absatzpolitischen Instrument auf nunmehr die Preispolitik und die Produktgestaltung führt aus der Natur der Sache heraus zu großen Span-

---
[22] *Horst Schneider:* Selbstkontrolle der Werbung, S. 628.

nungen[23]. Die oligopolide Macht ist zu stark[24] und die Offensivwerbung ist für die Marktstrategie der Oligopolide zu bedeutungsvoll, als daß auf dem Weg der freiwilligen Selbstkontrolle irgend eine Aussicht auf Erfolg bestünde, wie auch immer dieser Weg im einzelnen aussehen mag[25].

B. Öffentliche Kontrolle

1. Für die werbeapologetische Literatur ist bereits der Begriff „Kontrolle" ein Reizwort, um vieles mehr gar noch eine „öffentliche" Kontrolle. Diese wird mit „Entmündigung des Konsumenten", mit „Unfreiheit" und mit „fortschreitender Bürokratisierung der Gesellschaft" gleichgesetzt. Ja, man konstruiert sogar einen direkten Weg von der Kontrolle der Werbung zur Zerstörung der durch Märkte koordinierten und durch Preise gesteuerten Ordnungsform der Wirtschaft. „Wenn man die gegenwärtige Kampagne gegen die Werbung zu Ende denkt, kommt man leicht zu der beklemmenden Schlußfolgerung, daß der Staat und einige ihn stützende Institutionen uns alle in den Griff bekommen möchten. Mit Verleumdungen, Unterstellungen und Hypothesen prangert man Marketing- und Werbestrategien an, um letztlich gegen unser System der freien sozialen Marktwirtschaft zu Felde zu ziehen und es durch diffuse andere Gesellschaftsordnungen zu ersetzen. ... Jetzt ist erst ein Teilbereich der Werbung angesprochen. Dabei wird es nicht bleiben. Wehret den Anfängen jetzt mit Mut und Verstand. Noch in diesem Jahrzehnt fällt die Entscheidung über unser freiheitliches Wirtschaftssystem[26]." Angesichts solcher Vorwürfe steckt die Mehrzahl der Werbekritiker mit Forderungen von vornherein zurück, um ja nicht in den Verdacht eines Advokaten der Unfreiheit zu kommen. Wer will denn schon als „Systemveränderer linker und mittel-

---

[23] Solche Spannungen erklären sich nicht nur aus den Anpassungsschwierigkeiten des einzelnen oligopoliden Unternehmens. Mehr noch muß das berücksichtigt werden, was die Oligopoltheorie „Reaktionsverbundenheit" oder „oligopolistische Interdependenz" nennt; siehe *Gerhard Merk:* Mikroökonomik. Stuttgart 1976, S. 147 ff.

[24] Siehe hierzu vertiefend *Dieter Claessens:* Rolle und Macht. 3. Aufl., München 1974. Daß selbst noch so gut durchdachte Gesetze die oligopolide Macht nur schwer unter Kontrolle halten können, zeigt *Fritz Engelmann:* Der Kampf gegen die Monopole in den USA. Die rechtliche Behandlung der wirtschaftlichen Konzentrationsbewegung in den Vereinigten Staaten von Amerika. Tübingen 1951.

[25] Ähnlich auch *Harald Schumacher:* Werbung schadet dem Verbraucher, in: Wirtschaftsdienst, Bd. 31 (1969), S. 400 sowie *Eike von Hippel:* Verbraucherschutz, S. 62.

[26] *Wolfgang Ernst:* Wehret den Anfängen!, in: Der Markenartikel, Bd. 35 (1973), S. 473.

B. Öffentliche Kontrolle

linker Provenienz"[27] gelten? Es tritt dann am Ende das ein, was *Nicolas Boileau*[28] klassisch ausdrückte: „*Souvent la peur d'un mal nous conduit dans un pire*", hier nämlich in das Totschweigen der dem einzelnen Bürger und der Gesellschaft zum Schaden gereichenden Wirkungen der Offensivwerbung.

2. Der beständige Verweis auf die angebliche Beeinträchtigung der Freiheit durch eine Werbekontrolle erweist sich bei näherem Besicht als unangebracht und verfehlt. Liegt dem doch ein Freiheitsbegriff zugrunde, der Freiheit für sich selbst, hingegen Unfreiheit für die anderen meint[29]. Freiheit für sich selbst: den Werbetreibenden soll es unbenommen bleiben, jede beliebige Werbebotschaft über die Kommunikationskanäle (siehe Übersicht 16) zu verbreiten. Unfreiheit für die anderen: den Werbeadressaten soll der offensivwerbliche Vorstellungsinhalt ungehindert eingehämmert, sie mögen in ihrer selbständigen Wahlentscheidung und in ihrer Persönlichkeitsentfaltung durchaus eingeschränkt werden (siehe Übersicht 20 und Übersicht 24). Mit Bekümmernis muß man feststellen, wie selbst der Werbung recht kritisch Gegenüberstehende ihre Anstände gegen eine Werbekontrolle aus dem Freiheitsargument nähren. Dies scheint ebenso denkunrichtig, wie wenn man seine Abneigung gegen die Heilmittel richtet anstatt gegen die Krankheit oder seine Bedenken gegen Strafen anstatt gegen Verbrechen. Solche Haltung ist deshalb inkonsequent und irrig, weil Ursache und Wirkung ganz offensichtlich verkannt werden. Beeinträchtigt ist die Freiheit doch durch die Offensivwerbung. Wiederherstellen läßt sich die Freiheit nur durch Verstopfen dieser Störquelle. Im übrigen ist es höchst verwunderlich, wie feinfühlig und empfänglich manche Zeitgenossen selbst jedem bloßen Verdacht auf Schmälerung gewisser Freiheiten nachgehen. Gleichzeitig aber erweisen sie sich als unempfindlich und anteillos auf ganz wesentliche Einschränkungen der Freiheit, wie sie etwa in dem bestehenden Heeresdienstzwang[30] oder in der Schädigung der Gesellschaft durch die Offensivwerbung zu sehen sind.

---
[27] *Wolfgang Ernst*: Wehret den Anfängen!, S. 473, Sp. 1.
[28] L'Art poétique. Chant I, Vers 64 (Oeuvres, hrg. und eingeleitet von *Charles-Augustine Sainte-Beuve*. Paris o. J., S. 185).
[29] „There are two freedoms, the false where one is free to do what he likes, and the true where he is free to do what ought", schreibt *Charles Kingsley* (The New Dictionary of Thoughts, New York 1955, S. 337) einmal. Siehe zu der gerügten Auffassung von Freiheit auch *Philipp Laicus*: Liberale Phrasen. 2. Aufl., Mainz 1871, S. 58 ff.
[30] Die Haltung zur Konskription erweist sich als eines der *Erkennungszeichen* für die *angemessen abwägende Zuordnung* der aus dem Personprinzip und dem Gesellschaftsprinzip (siehe Übersicht 12) fließenden Rechte und Pflichten. In der Katholischen Soziallehre (siehe Übersicht 7) läßt sich hierzu eine beachtenswerte Verschiedenheit zwischen päpstlichen Lehräußerungen und den Darlegungen der Mehrheit der Moralphilosophen (siehe Übersicht 6) feststellen. — Während der hochangesehene *Leo XIII* den Militärzwangs-

104 Dritter Teil: Wege zur Einschränkung der Offensivwerbung

3. Auf öffentliche Kontrolle in der Form einer Aufsicht durch Amtsträger exekutiver Gewalt sollte gemäß dem Kompetenzprinzip (siehe Übersicht 12, Zeile 4) verzichtet werden[31]. Es bleibt damit die zu Beginn des Kapitels beschriebene zweite Art übrig, nämlich die Kontrolle durch ein von der Legislative beauftragtes Gremium. Diese Instanz sei im folgenden „Werbekontrollrat" genannt. Zu fragen ist zunächst nach der einer Überwachung zugrundeliegenden Rechtsnorm. Sodann gilt es, die Wirkungsweise der Kommission abzustecken.

I. Rechtliche Grundsatzüberlegungen

1. Ausgangslage

1. Die Werbung wird juristisch bislang immer noch fast ausschließlich vom Standpunkt des Wettbewerbsrechts her beurteilt[32]. Tragender

---

dienst im Jahre 1882 verurteilt und *Benedikt XV* im Jahre 1917 seine Abschaffung fordert (siehe *Pierre Lorson*: Wehrpflicht und christliches Gewissen. Frankfurt 1952, S. 26 f.), wird sie von den führenden Theologen grundsätzlich gutgeheißen. Hergeleitet wird das Recht des Staates zur Konskription entweder einfältig damit, daß „*apparatus bellicus, quo hodie exercitus inter se debellant, longum exercitium usumque armorum postulat*" (so der 1864 geborene holländische Seminarprofessor *Alexander Sweens*: Institutiones Theologicae de Virtute Cardinali Justitiae. Herzogenbusch 1905, No. 591), oder die Berechtigung zur Wehrpflicht wird lediglich rein formal an die Bedingung geknüpft, „*ut lex conscriptionis sit justa: justa autem est in genere, si adest necessitas belli justi atque necessaria ad illud praeparatio*" (so der 1834 geborene juristische Berater der deutschen Zentrumsfraktion, der meinungsbildende Jesuitenpater *Augustinus Lehmkuhl*: Theologia Moralis. Vol. 1: Theologia Moralis Generalis. 6. Aufl., Freiburg 1890, No. 989). Die hauptsächlichen Bedenken nahmen ihren Ausgangspunkt „*de periculis, quae religiosae et morali tironum vitae in contuberniis militaribus perniciem moliuntur*" (so der auch in der Seelsorge der Garnisonstadt Herzogenbusch tätige *Alexander Sweens*). — Nur eine Minderheit beantwortet die Frage, *an justa sit coacta militium conscriptio?* verneinend. Eine bündige Begründung meint, „*quia hoc modo minime necessaria est bono communi, et bono privato civium nimis onerosa atque noxia*" (so der holländische Redemptorist *Joseph Aertnys*: Theologia Moralis. Tomus 1. 4. Aufl., Paderborn 1896, No. 379, übrigens eine Arbeit, die *Augustinus Lehmkuhl* als „*opus omnino dilucide et moderate compositum, dignum est quod cum magna laude commemoretur*" empfiehlt).— Allerdings sahen die Moraltheologen den erzwungenen Fahneneid durchweg als nicht bindend an. Siehe zu diesem Problemkreis *Paul von Hoensbroeck*: Moderner Staat und römische Kirche. Berlin 1906, S. 88 f. sowie *Leopold K. Goetz*: Der Ultramontanismus als Weltanschauung auf Grund des Syllabus quellenmäßig dargestellt. Bonn 1905, S. 22 ff. und *Karl von Hase*: Handbuch der Protestantischen Polemik gegen die Römisch-Katholische Kirche. 7. Aufl., Leipzig 1900, S. 689 ff.

[31] Das Subsidiaritätsprinzip deckt auch den bekannten Grundsatz „*e malis eligenda sint minima*"; siehe zur Begründung *Ludwig von Mises*: Bureaucracy. New Haven 1946, insbes. S. 74.

[32] Dies ist deutlich aus dem Wettbewerbsrecht sowie aus dem Werberecht erkennbar. Siehe für den westdeutschen Rechtskreis *Hans F. Burmann*: Werberecht der Wirtschaft (Loseblattsammlung in 3 Ordnern). Berlin 1972.

Grundsatz aller Überlegungen ist das *Wettbewerbsverhältnis* der Anbieter. Mehrere Unternehmen bemühen sich um die Gunst des Käufers; es herrscht Konkurrenz. Vor allem ist nun sicherzustellen, daß die Auslesefunktion der Konkurrenz (siehe Übersicht 28) möglichst rein zum Durchbruch kommen kann. Folglich gilt es darauf zu achten, den Aktionsparameter Werbung sachlich rein zu halten: die Werbung muß fair, „lauter" sein. Keiner darf in der Werbung und durch die Werbung zu Mitteln greifen, durch welche die Wettbewerbsstellung der Konkurrenten unfair, „unlauter" beeinträchtigt wird. Eine umfangreiche kasuistische Judikatur stellt fest, was im einzelnen darunter zu verstehen sei.

2. Es ist ersichtlich, daß die juristische Beurteilung der Offensivwerbung nicht von solchem Konkurrenzverhältnis ausgehen kann. Sind doch die Rechtsbeziehungen zwischen Werbetreibenden und Verbrauchern auf dem Markt von prinzipiell anderer Art. Man kann diese Beziehung *Werbeverhältnis* nennen[33]. „Das Werbeverhältnis läuft in seinem Endergebnis auf ein *Einvernehmen* zwischen Werbungtreibenden und Verbrauchern hinaus, wie dies im Kaufabschluß sichtbar zutage tritt; beim Wettbewerbsverhältnis dagegen steht die *Kampfsituation* zwischen den Wettbewerbern im Vordergrund[34]." Beim Werbeverhältnis handelt es sich demnach um einen besonderen, eigenen und eigenständigen Wirtschaftstatbestand. Zu dessen rechtlicher Einordnung bedarf es einer gedrängten Abklärung der Rechtsposition des Werbetreibenden und des Werbeadressaten im Markt.

2. Rechtsstellung des Werbetreibenden

Die Marktposition der Werbetreibenden läßt sich aus den Grundsätzen der Meinungsfreiheit und der Berufsfreiheit herleiten. Aus beiden folgt unmittelbar das Recht zu werbewirtschaftlicher Betätigung. Die fundierenden Rechtsgrundsätze finden sich in den meisten Verfassungen ausgesprochen, so etwa in Art. 55 und Art. 33 BVf für die Schweiz oder in Art. 5 und Art. 12 GG für die BRD. — Zusätzlich ließe sich die Rechtsstellung der Werbetreibenden auch noch aus dem Recht auf freie Entfaltung der Person begründen. Das anerkannte Persönlichkeitsrecht (wie etwa in Art. 2, Abs. 1 GG formuliert) schützt den einzelnen in seiner unternehmerischen Tätigkeit und Betätigung auf dem Markt[35]. In jedem Falle aber besitzt der Werbetreibende eine fest

---

[33] Dieser Begriff wurde anscheinend von *Hans F. Burmann* (Zur Problematik eines werberechtlichen Verbraucherschutzes, in: Wettbewerb in Recht und Praxis, Bd. 19 [1973], S. 317) geprägt.

[34] *Hans F. Burmann:* Zur Problematik eines werberechtlichen Verbraucherschutzes, S. 317.

umrissene, verfassungsrechtlich geschützte Stellung im Marktgeschehen.

3. Rechtsstellung des Werbeadressaten

1. Der Werbeadressat hat als Person das Recht auf freie, selbstbestimmte Entfaltung. Dieses Grundrecht gilt unbestritten gerade auch für die Freiheit der Entscheidung in Bezug auf alternative Güterbeschaffung am Markt: für die Konsumentensouveränität (siehe Übersicht 20, Zeile 5). Dies wird selbst aus wettbewerbsrechtlicher Sicht anerkannt: „Die Entscheidungsfreiheit des Kunden ist das notwendige Pendant zur Unabhängigkeit der Konkurrenten und so, wie diese, eine Voraussetzung dafür, daß überhaupt Angebote verschiedener Gewerbetreibender dem Verbraucher als Alternative erscheinen[36]."

2. Ist das Recht des Verbrauchers zur zwanglosen Wahlfreiheit am Markt (Konsumentensouveränität) festgestellt, so läßt sich daraus eine wichtige Folgerung ableiten. Rechtswidrig ist jede werbliche Maßnahme, welche diese Freiheit beeinträchtigt oder gar ausschaltet. Solche Werbung ist eine direkte Verletzung der Persönlichkeit. Als widerrechtliche Schädigung unterliegt sie der Schadenersatzpflicht aus Art. 41 OR bzw. § 823 BGB sowie dem Unterlassungsgebot. Von Bedeutung ist die *verfassungsrechtliche* Ausgangslage des Werbeadressaten. Sie zeigt, daß es sich um ein unmittelbares Recht des Verbrauchers handelt. Es wäre also falsch, das Recht auf freie Entscheidung in Bezug auf die

Übersicht 31

Kennzeichen des Werbeverhältnisses
Werbetreibender: (Verfassungs)Recht auf Meinungsfreiheit und Berufsfreiheit begründen unmittelbar das Recht zu werbewirtschaftlicher Betätigung
Werbeadressat: (Verfassungs)Recht auf freie Entfaltung der Person begründet unmittelbar das Recht auf Freiheit der Entscheidung in Bezug auf die wahlweise Güterbeschaffung am Markt

---

[35] Siehe zu dieser (nicht unbestrittenen) Herleitung *Peter Badura:* Wirtschaftsverfassung und Wirtschaftsverwaltung. Ein exemplarischer Leitfaden. Frankfurt 1971 sowie zur Frage eines institutionellen Verständnisses von Art 2 GG auch BVerfGE 6, 32 ff., 8, 274 ff., 12, 341 ff. und öfter.

[36] *Alfons Kraft:* Interessensabwägung und gute Sitten im Wettbewerbsrecht. München 1963, S. 208.

wahlweise Güterbeschaffung aus einem wie auch immer gearteten „Verbraucherschutz" erst abzuleiten[37]. Daß aber die Offensivwerbung den Tatbestand der Widerrechtlichkeit (zumindest im Sinne der objektiven Widerrechtlichkeitstheorie: widerrechtlich = jeder Verstoß gegen eine Rechtsnorm[38]) erfüllt, wurde im zweiten Teil dieser Abhandlung eingehend begründet.

4. Folgerungen

1. Die Absatzwerbung (siehe Übersicht 1) begründet ein Rechtsverhältnis, das als Werbeverhältnis sachlich und juristisch neben der bekannten Figur des Wettbewerbsverhältnisses steht. Es treffen dabei (verfassungs)rechtliche Freiheiten der Werbetreibenden auf das gleichfalls (verfassungs)rechtlich garantierte Persönlichkeitsrecht des Werbeadressaten. Dabei hat der Werbetreibende das Recht des Verbrauchers als des wirtschaftlich schwächeren Partners auf freie Wahlentscheidung unbedingt zu beachten. „Das setzt voraus, daß seitens der werbungtreibenden Wirtschaft vorweg eine sachliche, sachgerechte Information erfolgt und daß sich die Motivation im Rahmen dieses Angebots hält; denn von einem bestimmten Punkt der Werbung kann die Motivation so übersteigert oder verfremdet werden, daß rationale Erwägungen des Werbeadressaten mehr oder minder wegfallen. Damit aber *verletzt* der Werbungtreibende seine Verpflichtung zu sachlichen und sachgerechten Angeboten, er *verfälscht* die Angebotslage und macht es damit dem Verbraucher *unmöglich*, zu einer unbeeinträchtigten, freien Wahl in der Frage seiner Kaufentscheidung zu gelangen[39]."

2. Weil nun die Offensivwerbung (siehe Übersicht 5) die Persönlichkeitsrechte der Werbeadressaten andauernd verletzt, sie also *in höchstem Grade widerrechtlich* ist, muß sie *verboten* werden. Im Zuge des Verbraucherschutzes ist es eine vordringliche Aufgabe, ein solches Verbot sofort und durch Einrichtung einer gesetzlich zu errichtenden Über-

---

[37] Siehe hierzu *Eike von Hippel:* Verbraucherschutz, insbes. S. 1 ff.

[38] „Ob diese Vorschrift der Rechtsordnung im Privatrecht oder im öffentlichen Recht (Strafrecht, Verwaltungsrecht, Polizeivorschriften) enthalten sei, ob der Rechtssatz ausdrücklich aufgestellt sei oder ob es sich um eine ungeschriebene allgemeine Norm der Rechtsordnung handle, ist gleichgültig. Jede ‚Verletzung von Rechten, Rechtsgütern oder rechtlich geschützten Interessen' ist widerrechtlich (BGE. 32, II, 279). Die wichtigsten *Grundlagen* für die Beurteilung der Frage, ob Widerrechtlichkeit vorliegt, bilden die Bestimmungen über den *Schutz der Persönlichkeit* und der persönlichen Interessen (ZGB. 28 und 29), über Leib und Leben (OR. 45, 47), über die Geschäftskundschaft (OR. 48), über das Eigentum und die anderen dinglichen Rechte und über die immateriellen Güterrechte; denn hier handelt es sich stets um *absolute Rechte*, die jedermann gegenüber bestehen" (*Theo Guhl:* Das Schweizerische Obligationenrecht. Zürich 1933, S. 91).

[39] *Hans F. Burmann:* Zur Problematik eines werberechtlichen Verbraucherschutzes, S. 318.

wachungskommission in die Wege zu leiten. Alle anderen rechtlichen Möglichkeiten zur Abwehr der widerrechtlichen Offensivwerbung sind wenig geeignet, das Problem rasch und radikal zu lösen[40].

II. Notwendige Einrichtungen

1. Zur Durchsetzung der Rechte der Verbraucher im Werbeverhältnis (anders ausgedrückt: zum Verbot der Offensivwerbung) ist eine öffentliche Überwachungsbehörde unerläßlich. Die zur *Errichtung* eines Werbekontrollrats notwendigen juristischen Schritte können hier nicht *in extenso* dargestellt werden: sie müssen den Gegenstand einer gesonderten, vorwiegend rechtlich orientierten Untersuchung bilden. Gewiß ist jedenfalls, daß in der BRD, in Österreich und in der Schweiz der Werbekontrollrat verfassungsrechtlich ein Geschöpf des Bundesrechts sein wird. Ob und inwieweit der Werbekontrollrat bestehenden bundesstaatlichen Behörden zuzuordnen wäre, bedürfte sorgfältiger Prüfung. Für die BRD wurde angeregt, eine solche Behörde dem Bundeskartellamt anzugliedern[41]. Für die Schweiz empfähle sich vielleicht eher eine Anbindung an die Preisüberwachungsstelle in Bern.

2. Die *Zusammensetzung* des Werbekontrollrats sollte auf die Komplexität der Materie abgestimmt werden. Zu empfehlen ist daher ein Gremium, in dem hälftig Juristen und hälftig Wirtschaftssachverständige vertreten sind[42]. Das Errichtungsgesetz sollte das *Tätigwerden* des Kontrollrats vorschreiben, sobald von irgend jemand eine Anzeige gegen eine Werbebotschaft eingeht[43]. Der Werbekontrollrat muß das Recht haben, die Aussendung offensivwerblicher Botschaften sofort zu *verbieten*. Das setzt voraus, daß dem Gesetz ein *Katalog* solcher Werbemaßnahmen beigegeben wird, die grundsätzlich den Tatbestand der Offensivwerbung (siehe Übersicht 5) erfüllen. *Bußgeldregelungen* ließen sich in Anlehnung an das Kartellrecht einführen. Gegen einen Verbotsentscheid sollte analog zum Kartellrecht die *Beschwerde* und die *Rechtsbeschwerde* zugelassen werden. Alle *Werbeagenturen* müßten einer Re-

---

[40] Völlig wirklichkeitsfremd ist jedenfalls die Meinung, daß die Werbewirtschaft bald Einsicht in die Natur des Werbeverhältnisses (siehe Übersicht 31) gewinnen werde und in der Folge die Offensivwerbung freiwillig abbaue. Auch auf die „Rechtsentwicklung" darf nicht gewartet werden, weil bis dahin die Offensivwerbung die Gesellschaft vollends unterhöhlt haben wird.

[41] Siehe *Eike von Hippel:* Grundfragen des Verbraucherschutzes, in: Juristenzeitung, Bd. 27 (1972), S. 423.

[42] Without doubt you will agree with the idea of a control board. Please vote for a well-paid position in this body in favour of the writer, so deeply encumbered in debts. Thank you.

[43] Die Vorkontrolle stößt, wie bereits dargelegt, auf verfassungsrechtliche Schwierigkeiten.

gistrierpflicht sowie einer Aufsicht im Sinne bewährter älterer Rechtssätze unterworfen werden[44]. *Ce serait assez, mais ce ne serait pas tout.*

3. In den nächsten Jahren wird sich aller Voraussicht nach das Wirtschaftswachstum in den westlichen Industrieländern verlangsamen. Damit schwinden auch die Steuereinnahmen des Staates. Das aber bedeutet, daß die Politiker dem einzelnen Bürger kaum mehr mit direkten Geschenken unter die Arme greifen können. „Wenn aber mangels Masse nichts mehr verschenkt werden kann, macht es sich doch recht gut, wenigstens Schaden von dem Bürger abzuwenden, indem er im Verordnungswege vor Schaden und Benachteiligung bewahrt wird. Die Sache hat zudem den Vorzug, daß sie den Gesetzgeber nichts kostet[45]." Diese Gunst der Stunde sollten die Politiker klar erkennen und legislative Schritte zur Eindämmung der ausufernden Offensivwerbung recht bald in die Wege leiten. Auch für die Verbraucherschutz-Organisationen sowie für die außerparlamentarischen Bürger-Initiativen bietet sich hier ein lohnendes, erfolgsträchtiges und publikumswirksames Ziel. Es bleibt zu hoffen, daß dieses Ziel, nämlich die Verbannung der Offensivwerbung aus unserer Gesellschaft, in den nächsten Jahren erreicht wird.

---

[44] Siehe etwa das Kaiserliche Dekret vom 18. Juli 1715 betr. die Buchhandlungen, abgedruckt bei: *Gustav Emminghaus:* Corpus Juris Germanici. Bd. 2, Jena 1824, S. 437 ff.

[45] *Arno Surminski:* Verbraucherschutz ohne Ideologie, in: Frankfurter Allgemeine Zeitung vom ult. Dezember 1976, S. 9.

Sachregister

Abgunst 44
Absatz 9
— instrumente 9, 99
— methode 9, 99
Achtung 5, 36
Adjektiva 47
aggregierte Symbole 54, 55
Aggression 73, 75, 76, 80
Agitation 64
AIDA-Regel 56
akquisitorisches Potential 14, 90
Akzidentialien 18
Alkohol
— kapital 86
— schäden 44, 86
— werbung 44, 85
allgemeines Priestertum 33
allgemeingültige Theorie 25
Allgemeininteresse 29, 69
Allgemeinverständlichkeit 5
Allsätze 37
Andersdenkende 5, 36
Angst 73
— lenkung 62
Anschlagtafeln 10
Ansehen 77, 89
Anti
— christ 32
— lehre 36, 38
— religion 80
— ungüter 86
Antrieb 83
Anzeigen 10
Appetibilität 71
Arbeits
— leid 88
— teilung 52
— zwang 79, 81, 88
Aufmerksamkeit 21, 69
Aufreißer 21
Aufrüstung 90, 104
Aufstiegskriterien 89
Ausschreibungen 89
Außenlenkung 49

Außenseiter 78, 86
Automobilwerbung 43, 52, 78
Autoritätsstrukturen 63

Bedürfnis 88
Befreiung 64
Begehren 59, 60
Begriff 65
Bereitstellung 88
Berufsfreiheit 105
Besitzgier 79
Bevormundung 38
Bewußtsein 66, 73
Bibellesen 67
Bildwahrnehmung 75
Bosheit 44, 48
Bürgerinitiativen 109
Bußgeldregelungen 108

Cancer pneumaticus 77, 86
Code Civil 34
Contralehre 36, 38
Contrawerbung 93

Dankbarkeit 77, 78
Demut 44
Denken 61, 65, 71
Depersonalisation 53
Deutscher Werberat 97
Dichter 69
Dienstleistungen 9
Dingbesessenheit 78
direkte Unwahrheit 43
Duldsamkeit 77
dumme Freunde 33
dynamisches Weltbild 35

Ego 73
ehrbare Päpste 33
Eidespflicht 104
embryonale Alkoholschäden 44, 86
Emotionspotential 50, 52
empirischer Gehalt 35
Entfremdung 52, 74, 76, 88
Entscheidungsprozeß 9
Entwicklungshilfe 30
Erfahrungsgehalt 35

Erinnerung 21
erlaubter Krieg 104
Erstrebtheit 71
Erwerbsgier 79
Es 73
Ethik 24, 70
— Individual- 24, 40
— Meta- 25
— natürliche 24
— Sozial- 24, 40
— theologische 24, 38
Existentialismus 73
Externalisation 75

Fachleutebezug 55, 57
Fahneneid 104
Fahrlässigkeit 42
faktische Unwahrhaftigkeit 46, 47
Farben 71
Fehlschlüsse 35
Feldratte 100
ficta universalitas 35
Firma 9
Freiheit 60, 63, 103
Freude 77, 78, 86
Frustration 75
Fühlen 71
Furcht 73

Gängelung 38
Gebrauchsgüter 18
Gedächtniswert 21
Gefühl 71
Gefühlpotential 50, 52
Gegenstand 65
Gegner 5, 36
Gehässigkeit 44
Gehirnwäsche 49
Gelehrsamkeitstaktik 55, 57
Geldwertgerechtigkeit 32
Gemeingut 28, 29, 39, 55, 70, 82
Gemeinschaft 29
Gemeinwohl 28, 29, 39, 55, 70
Genuß 67
gerechtes Gesetz 104
Gerechtigkeit 31, 39, 45, 62, 87, 91
Geschlechterbeziehung 53
Gesellschaft 24, 27, 28
gesellschaftliche Ziele 50, 63, 70
Gesellschaftswerte 28, 79
Gewerbefreiheit 105
Gewohnheitsraucher 45
Gleichartigkeit 13
Gleichheit 26, 80

Güte 71, 72
Güter 9, 19, 71, 88
— bereitstellung 88
— gebrauch 77
— gebundenheit 87
— geistige 72, 77
— knappheit 88
— materielle 51, 72, 77
— ökonomische 71, 88
gute Sitten 97

Handlung 10, 24
Handlungsfreiheit 60
Hebelgesetz 34
Hierarchie 33
Hilfeanspruch 30
hinreichende Bedingung 54

Ich 73
— ideal 74
— nähe 38
— schwäche 52, 83
— suche 77
— Über- 73
Identifikation 74, 75, 79
Identität 13, 77
Ideologeme 55, 57
ignorantia elenchi 35
Image 45, 74
— bindung 75, 76, 86, 107
indirekte Unwahrheit 43
Individualität 26
Information 18, 35
— thematische 18
— unthematische 18
Innenweltverschmutzung 80
interner Pannendienst 98

Jugendkult 53, 72, 79
Jugendliche 67, 77
Juridizismen 55, 57

Kasernen 104
Katholische Soziallehre 25
— allgemeingültige Theorie 25, 34
— Allsätze 35, 37
— Antilehre 36
— Anwendungslehre 25, 26, 34
— Definition 25
— Deutungsvielfalt 35, 37
— Dialogbereitschaft 37
— Einwände 32, 37
— Gemeinwohlprinzip 28, 29, 39, 70, 82, 87, 91
— Gerechtigkeitsprinzip 30, 39, 62, 87, 91

— Gesellschaftsprinzip 27, 28, 39, 70, 82, 87
— Individualprinzip 26, 39, 60, 62, 69, 87
— Informationsgehalt 35
— Interpretationspluralismus 35, 37
— Kompetenzprinzip 30, 39, 67, 101
— Negativaussagen 35, 37
— Ordnungsgefüge 25, 39
— Personprinzip 26, 39, 60, 62, 69, 87
— Prinzipienlehre 25, 26, 34
— Rechtlichkeitsprinzip 30, 39, 62, 87, 91
— relativ-allgemeine Theorie 25, 34
— Richtungskämpfe 36
— Rückständigkeit 34, 37
— Satzsystem 25, 34, 39
— Solidaritätsprinzip 30, 39, 67
— Sozialitätsprinzip 27, 28, 39, 70, 82, 87
— Sozialtheorie 25, 26, 34
— Sozialverkündigung 25, 26, 34
— Subsidaritätsprinzip 30, 39, 67, 101
— ultramontan 33, 37
— unfehlbar 33, 37
— unzeitgemäß 34, 37
— verurteilend 36, 37
— vieldeutig 35
— Wohlfahrtsprinzip 28, 29, 39, 70, 82, 87, 91
— Zeitgebundenheit 25, 34
— Zuständigkeitsprinzip 30, 39, 67, 101
Kauflust 73
Kaugummiwerbung 45
kausale Therapie 93
Kinder 67
Kirchenverständnis 33
Klerus 33
Knappheitsprinzip 82, 88
kognitive Dissonanz 38
Kommunikation 10, 52
Komparativsprache 47
Kompensation 73, 76
Konfliktvermeidung 96
Konkordienbuch 33
Konkurrenz 88, 104, 105
Konskription 103
Konsum
— freude 80
— güter 18
— norm 79
— terror 81

— vorbilder 74
— zwang 78, 81
Konsumenten
— aufklärung 92, 106
— bewegung 109
— entmündigung 102
— ideale 74
— schutz 107, 109
— souveränität 59, 60, 61, 106
Kontaktschwache 67, 77
Konzern 16
Kosmetikwerbung 45, 53, 84
Kraftfahrergruß 54
Krebsaufklärung 86
Kriegsvorbereitung 104

Lackwerbung 47
Lebensglück 85
legale Gerechtigkeit 31
Lehramt 33
Leistungsdenken 53
Leitbilder 19, 63, 75, 81, 107
Lenkungskräfte 90
Liebe 53, 77, 83, 89
Liebeswerben 89
Lieblosigkeit 44
linguale Persuasion 57, 68
Lohngerechtigkeit 32
Lüge 41, 49

Magisterium 33
Mammonsdienst 51, 78
Manipulation 49, 59, 93
Manipulationsgrade 61
Margarinewerbung 43
Markenname 18
Markt 13
— ausschließung 91
— begriffe 15
— empirischer 13
— Firmen- 14
— form 15, 16
— hypothetischer 13
— idealer 13
— idealtypischer 14
— Präferenzen 14, 90
— Punkt- 14
— realer 13
— steuerung 90
— Terminologie 15
— transparenz 14, 90
— unvollkommener 13
— vollkommener 13
Massenkommunikationsfeld 50, 52

Sachregister

Massenmedien 84
Mäßigkeit 77
Maßnahme 92
materialistische Haltung 51
Mediensoziologie 52
Meditation 77
Mehrfachvergleiche 47
Meinungsfreiheit 86, 98, 105
Menschenrechte 26, 39
Menschsein 26, 39, 78
Militärzwang 104
minder Gebildete 67, 69
Mißgeburten 44, 86
Mitgefühl 77
Monopol 16
monopolistischer Wettbewerb 15
Moral 24
— aushöhlung 94
— bevormundende 38
— ideen 51
— kontroverse 104
— philosophie 24
— theologie 24, 38
— verkündigung 38
Motiv 83

Nächstenliebe 26, 77
Nacktbaden 38
Naturbegriff 55
naturreiner Tabak 45
Negativaussage 35, 37
Negativinformationen 44
Neurosen 73, 80
Nichtraucher 62, 86
Normbindung 95
notwendige Bedingung 54
Nutzen 71, 84

Ökonomische Ausgangstatsache 88
— Lenkungskräfte 90
ökonomisches Prinzip 82
Ökonomophobie 93
Offenbarung 24
Oligopol 15, 16
Oligopolid 15, 16
oligopolide Interdependenz 16, 20, 102
Operationalisierung 35
Ophelimität 71
Ordnung 25

Paarvergleiche 47
Papalismus 33, 104
Papst 32, 33
Partnerschaftsidee 26
personale Zerrissenheit 73, 75

Personbegriff 26, 39
persönliche
— Entfaltung 105
— Gleichartigkeit 13
— Schädigung 74, 75, 76, 78
Personwerte 72, 77
— Umdeutung 78
Perzeption 66
physische Identität 13
Plakate 10
pneumatisches Karzinom 77
Polypol 16
Polypolid 15, 16
polypolide Werbung 17
Pornographie 53
Präferenzen 14, 82
praktische Vernunft 71
Preis
— bildung 84
— gerechtigkeit 32
— information 18
— politik 9, 99
— steuerung 89
— treibung 84, 90
Pressefreiheit 86, 98
Produktgestaltung 9, 99
Produktion 88
Produktionsfaktoren 83
Projektion 75, 76
Pseudo-Religion 80
psychologische Obsoleszenz 85
Punktmarkt 14

Qualitätszigaretten 45
Quasireligion 80

Raucherkrebs 77, 86
Raucherlebnis 77, 86
Rauschgiftsüchtige 86
Reationsverbundenheit 17, 20, 102
Rechtsentwicklung 108
Reinheitsbegriff 55
Reklame 9
relativ-allgemeine Theorie 25
religiöse Freude 67, 80
repressiver Mediengebrauch 52
revolutionäre Elite 80

Sachliche Unwahrhaftigkeit 46, 47
Sachwerte 72, 80
— Idealisierung 77
Sanktionsverpflichtung 95
Schadenfreude 44
Schaukelstuhl-Effekt 20, 22, 69, 90, 92
Scheinargumentation 57

Schlagwörter 55, 56, 70
Schlüsselzeichen 55, 56
Schmalkaldische Artikel 33
Schuld 41, 42, 48
Schulreformen 93
Schwarzweißmalerei 55, 56
Sektwerbung 45
Selbst
— erfahrung 87
— erniedrigung 44
— kontrolle 95
— kritik 5, 44
Sexualmotive 46, 53
Sexzwang 53
Sittenlehre 24, 70
Solipsismus 63
soziale
— Bestrafung 78, 79
— Bindungen 63
— Diskriminierung 86
— Gefühle 80
— Gerechtigkeit 32
— Gleichmacherei 80
— Heuchelei 86
— Identifikation 79
— Kontrolle 79
— Machtstrukturen 63
— Schädigung 63, 78, 84, 86
— Werte 27, 79
— Ziele 28, 29, 39, 55, 70, 82
soziales Ansehen 77, 89
spätkapitalistisches Joch 64
Sparprinzip 82, 83, 88
Sport 89
Sprach
— anreicherung 69
— fuktionen 64
— herrschaft 57, 58, 63
— manipulation 54, 58, 70
— richteramt 69
— taktiken 55, 56, 68
— verflachung 69
— verstümmelung 68, 70
sprachliche Persuasion 57
Stadtratte 100
statisches Weltbild 35
Stereotyp 35, 55
Steuergerechtigkeit 32, 93
Suggestion 17, 49
Superlativsprache 46
Symbole 54, 55, 74
— Manipulation durch 55, 75, 76
Systemveränderer 102

Tabakwerbung 43, 45, 62, 85
Täuschung 48
Tauschgerechtigkeit 31, 41, 45
Teil
— kompensation 73
— monopol 16
— oligopol 16
— oligopolid 16
Texter 57, 68
thematische Information 18
Theorie 25
transzendente Werte 72
Treue 77
Toleranz 77
Tugend 27, 40, 46

Übergebrauch 87
Über-Ich 73
Übertreibungen 43, 48
übertriebene Tugend 44
Ultramontanismus 33, 104
Umweltverschmutzung 80, 81, 87
Unbewußtsein 73
Unfehlbarer 33, 34
Unfreiheit 103
Unglaubwürdigkeit 47
Ungut 86
Unternehmen 9
Unternehmer 9
Unternehmung 9
unthematische Information 18
unvollkommene Märkte 13
Unwahrhaftigkeit 41, 42, 46
Unwahrheit 41, 42, 43

Veraltung 85
Verbraucher
— Aufklärung 92, 106
— Ideale 74
— Schutz 107, 109
Verbrauchsgüter 18
Vereinigungstaktik 55, 57
Vereinnahmungstaktik 55, 57
vergleichende Tests 93
Vergeudung 82
verkettete Symbole 54, 55
Vermassung 78
Vernunft 24, 71
Verschwendung 82
Versklavung 78
versteckte Unwahrheit 43
Vertragsgerechtigkeit 31
Verzicht 77
volle Unwahrhaftigkeit 46, 47

Sachregister

vollkommene Märkte 13
Vorstellung 65
Vorurteil 33, 55, 62

Wahlfreiheit 60, 61, 106
Wahrhaftigkeit 46
Wahrheitsfindung 33
Wahrnehmung 66
Waren 9
— gesellschaft 62
Waschmittelgesetz 87
Waschmittelwerbung 43, 57, 75, 84, 91
Wehrpflicht 104
Weisheit 77
Werbe
— adressaten 10, 106
— agenturen 12, 48, 98, 108
— arten 11
— aufklärung 93
— aufmerksamkeit 21, 22, 68
— aufreißer 21
— auftraggeber 46, 48
— ausgabenhöhe 83
— dichte 21
— dosis 21
— durchführung 9
— entscheidung 9
— erfolg 48, 68
— feindlichkeit 40, 63
— gedächtniswert 21
— gemeinter 10, 106
— immunisierung 93
— iteration 20, 22, 63, 66
— kodex 97
— konfliktsituationen 96
— kontrolle 94, 97, 102
— kontrollrat 104, 108
— kosten 19, 22, 90
— mittel 10, 81
— prägung 67, 76, 78
— recht 105
— rendite 68
— repetition 20, 22, 63, 66
— richtlinien 97
— schäden 40, 63, 82
— schlachten 20, 90
— schutz 67
— spionage 97
— sprache 47, 50, 54, 69
— steuer 93
— superlative 47
— taktiken 55
— techniken 93
— texter 57, 68

— träger 10
— treibender 10, 12, 48, 105
— überwachungsbehörde 108
— veranstalter 10, 12, 46
— verbote 94, 107
— verhältnis 105, 106, 107
— verzögerung 97
— wirksamkeit 68
— ziele 58
— zwecke 10
Werbung
— ablenkende 64, 73, 107
— Absatz- 9, 12
— akzidentielle 12
— Anti- 93
— antreibende 79
— Arzt- 55
— Ausweitungs- 11, 20
— Banalität 84
— Befreiungsfunktion 64
— Beherrschungs- 12
— Bußgelder 108
— Defensiv- 21
— Definition 9, 10, 12
— Dominanz- 12, 22, 96, 99
— Einführungs- 11
— endogene Expansion 20, 22, 69, 90, 92
— entfremdungsfördernde 74, 76
— Erhaltungs- 11
— Erinnerungs- 11, 12
— Expansions- 11, 20
— faktorvergeudende 84
— freiheitsgarantierende 102
— geistlose 68, 84
— Gelegenheits- 12
— Gemeinschafts- 10, 12
— gesundheitsschädigende 85, 86, 94
— imagebindende 75, 76, 86, 107
— Informations- 17, 94
— informationshindernde 86, 107
— innenweltverschmutzende 80
— Introduktions- 11
— Kompensations- 74, 76, 78
— konfliktauslösende 73, 74, 78
— Konkurrenz- 17, 84
— konkurrenzhemmende 89
— konsumzwingende 79
— lautere 98, 99, 105
— Leitbilder- 19, 75, 81, 107
— lügenhafte 41
— manipulierende 49, 59
— marktausschließende 91

— Menschenbild 79
— monopolgraderhöhende 89
— motivaufdrängende 74, 76, 107
— nachkontrolle 97, 98
— neutralisierende 20, 22
— obsoleszenzbeschleunigende 85
— Offenheit 59
— Offensiv- 17, 23, 100
— öffentliche Kontrolle 94, 102, 107
— oligopolide 17, 99
— Orientierungs- 17
— personabbauende 74, 75, 76, 78
— persuasive 18, 107
— pervertierende 64, 73, 76
— polypolide 17
— preistreibende 84, 90
— pseudoreligiöse 81
— religionszerstörende 67, 80
— Reminiszenz- 11, 22
— revolutionsauslösende 80, 81
— Sanktionsverpflichtung 95, 99
— Selbstdisziplinierung 96
— Selbstkontrolle 94, 95
— Sex- 53
— Sinngehalt 68
— sozialproduktentwertende 85
— sozialschädigende 63, 78, 84
— sprachschöpferische 69
— sprachverstümmelnde 66, 68, 70
— Strafbeschlüsse 100
— Suggestiv- 17, 18
— Symbol- 55, 75, 76, 107
— systemperpetuierende 63
— transparenzhindernde 90
— Überwachung 94, 97, 102
— umweltzerstörende 80, 81, 87
— unlautere 47, 97, 105
— Unzufriedenheit 79
— Vergessenheitsschwund 22
— verschwenderische 82, 87
— verstärkende 20, 22, 69, 90, 92
— vorkontrolle 96, 98
— Vorwürfe 40, 63, 82
— Wettbewerbs- 18
— wettbewerbshemmende 89
— wiedererkennende 21
— Wirkungslehre 21, 68
— Zensur 96, 98

Wert 27, 70
— appelle 77
— aufdrängung 74
— Bestimmtheit 71
— erfassen 71, 72, 74, 77
— Farbe als Analogon 71
— geistiger 72, 77
— hierarchien 51, 72, 81
— individueller 27, 71
— kanon 51
— materieller 72, 77, 84
— negativer 27
— Realsetzung 72
— reduzierung 77
— träger 71
— transzendenter 72, 80
— urteil 24
— Wahrheit 71, 72
Wettbewerb 88
— Anspornfunktion 89
— Auslesefunktion 89, 105
— Bestimmungsfunktion 89
— Recht 104
— unlauterer 47, 97, 105
Widerrechtlichkeit 107
Wille 60
Willensfreiheit 26, 60
willentlich 61
Wirtschaften 88
Wirtschaftsparadies 81
Wirtschaftswachstum 80, 109
Wohlfahrt 28, 39, 55, 70
Wollen 59, 60, 71
Wort 65
Würde 26, 39
Wunschverdrängung 73

Ziel 11
Zielvorstellung 50, 63, 70, 81
Zigarettenrauchen 43
Zigarettenwerbung 45, 62, 77, 85, 91
Zurechnung 35
Zustimmungsverleitung 55
Zuteilungsgerechtigkeit 31, 32
Zwänge 63
Zwanglosigkeit 60
Zwangsideale 53, 72, 79

Printed by Libri Plureos GmbH
in Hamburg, Germany